高等职业教育"十三五"规划教材

民航运输类专业系列教材

客舱服务安全与应急实务

于莉 于传奇 马丽群 编

KECANG FUWU ANQUAN
YU YINGJI SHIWU

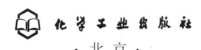

化学工业出版社

·北京·

《客舱服务安全与应急实务》是依据中国民用航空局制定的相关规则和行业标准编写，以客舱乘务员岗位工作职责和要求为切入点。具体内容由七章构成，以飞机的基本构造为开篇，分别对客舱服务安全管理、旅客安全管理、客舱运行安全管理、客舱应急设备、客舱应急处置、野外求生等内容进行了系统的介绍，有助于学生对空中乘务员安全工作的全面了解和相关技能的掌握及运用，使学习者对飞行安全管理有更深层次的思考和理解，提升其职业素养。

本教材内容充分体现了空中乘务专业人才培养目标，具有很强的实用性和针对性。立足于理论指导和能力培养，使课堂教学与实际操作互为补充，为即将步入乘务职业生涯的学生打下扎实的基础。为方便教学，本书配有电子课件。

本书可作为高职高专、中等专业学校等相关院校空中乘务专业的教学用书，也可作为成人高等教育的同类专业教材，以及作为民航服务人员的参考书及企业培训用书。

图书在版编目（CIP）数据

客舱服务安全与应急实务/于莉，于传奇，马丽群编. —北京：化学工业出版社，2019.10（2024.5重印）
ISBN 978-7-122-34935-4

Ⅰ.①客⋯ Ⅱ.①于⋯②于⋯③马⋯ Ⅲ.①民用航空-旅客运输-商业服务 Ⅳ.①F560.9

中国版本图书馆 CIP 数据核字（2019）第 153339 号

责任编辑：旷英姿　韩庆利　　　　　　　文字编辑：李　曦
责任校对：边　涛　　　　　　　　　　　装帧设计：王晓宇

出版发行：化学工业出版社（北京市东城区青年湖南街 13 号　邮政编码 100011）
印　　装：大厂聚鑫印刷有限责任公司
787mm×1092mm　1/16　印张 12　彩插 2　字数 248 千字　2024 年 5 月北京第 1 版第 3 次印刷

购书咨询：010-64518888　　　　　　　售后服务：010-64518899
网　　址：http://www.cip.com.cn
凡购买本书，如有缺损质量问题，本社销售中心负责调换。

定　价：33.00 元　　　　　　　　　　　　　　　　　版权所有　违者必究

前 言

客舱服务安全与应急实务

当前我国经济已由高速增长阶段转向高质量发展阶段。推动和实现民航高质量发展，是当前和今后一个时期民航业的路径方向和目标任务。民航业高质量发展政策必将进一步对民航人才提出更高的要求和挑战。在培养高素质复合型民航服务性人才的过程中，不仅需要创新教育模式，能够开发出反映民航服务特色、符合高质量人才培养方案和满足教学需要的专业教材也是至关重要的环节。

本教材具体内容由七章构成，以飞机的基本构造为开篇，分别对客舱服务安全管理、旅客安全管理、客舱运行安全管理、客舱应急设备、客舱应急处置、野外求生等内容进行了系统的介绍，以案例、理论阐述、实图场景、模拟演练和课后作业为基本体例，立足于理论指导和能力培养，使课堂教学与实际操作互为补充，有助于学生对空中乘务员安全工作的全面了解和相关技能的掌握及运用，使学习者对飞行安全管理有更深层次的思考和理解，提升其职业素养。具有很强的实用性和针对性。

本教材是校企合作教材，以引领和服务专业学科发展为宗旨，结合我国民航服务业的发展趋势和空中乘务专业人才培养目标，立足于理论指导和能力培养，注重科学性、知识性、创新性和实用性相统一。教材编写在总结民航服务类专业教育的实践研究成果基础上，广泛征询了民航业内专家的意见与建议，使课堂教学与实际操作互为补充。通过对本书的学习，学生不仅能够较为系统地了解客舱安全运行管理规则，也可以掌握应急情况下的处置技能和求生技巧，从而保障航机、旅客以及自身的飞行安全。最重要的是，通过对本教材的学习，学生提升客舱服务安全的意识以及促进自身职业安全习惯的养成。为即将步入乘务职业生涯的学生打下扎实的基础。

本书内容结构、编写原则的制定和全书统稿工作是由辽宁轻工职业学院航空服务学院具有多年教学经验的教师和航空公司乘务员共同参与完成的，感谢新西兰航空公司乘务长于传奇对教材内容进行审核，同时也感谢航空服务学院学生孙坤、张丽丽、李响、吕志鹏、衣建鑫、陈桂丽、潘华、于洋、胡悦昀协助客舱场景的照片拍摄工作。

由于编写时间仓促，资源有限，教材中疏漏和不足之处在所难免，谨恳请各位专家和业内外同行提出宝贵意见并不吝赐教。我们将及时修正，使其更加完善。

在本书的编写过程中，得到了化学工业出版社的大力支持，对编辑所做的细心工作，表示衷心的感谢。

编者

2019 年 8 月

目 录

客舱服务安全与应急实务

1 第一章　飞机的基本构造　　/001

第一节　飞机的组成部分及其功用　/002
　　一、飞机的动力装置系统　/002
　　二、机身的组成与功用　/005
　　三、机翼的结构与功用　/007
　　四、尾翼的作用　/009
　　五、起落装置的分类与作用　/010
第二节　飞机常用参数　/012
第三节　航空知识　/013
　　一、大气层的结构　/013
　　二、常用的温度单位　/014
　　三、常用的里程单位　/015
　　四、时间与时区　/015
　　五、影响飞机飞行的天气　/016
　　六、风切变的影响　/017
　　七、飞机结冰　/017
第四节　飞行过程　/018
思考题　/019

2 第二章　客舱服务安全管理　　/021

第一节　机组安全职责　/022
　　一、机长职权　/022
　　二、主任乘务长/乘务长职责　/023
　　三、区域乘务长职责　/023
　　四、客舱乘务员职责　/024
　　五、机上指挥权的接替　/024

第二节　机组安全管理 / 024
　　一、客舱乘务员派遣原则 / 024
　　二、各机型客舱乘务员最低配置 / 025
　　三、值勤期、休息时间和飞行时间限制 / 025
　　四、饮用含酒精饮料和使用药物后的值勤限制 / 027
　　五、飞行必备的证件与装备 / 027
　　六、个人安全 / 027
　　七、酒店入住安全须知 / 028
第三节　客舱设备安全操作 / 028
　　一、客舱检查 / 028
　　二、舱门操作要求 / 030
　　三、抬放行李物品 / 030
　　四、打开及关闭行李架 / 031
　　五、打开储物柜 / 033
　　六、使用热水器 / 033
　　七、使用烧水杯 / 033
　　八、使用烤箱 / 034
　　九、餐车摆放、进出、移动及推拉 / 035
　　十、热饮、热食发放规范 / 037
　　十一、冷冻食品的处理 / 038
思考题 / 038

第三章　旅客安全管理　/ 039

第一节　特殊/限制性旅客管理 / 040
　　一、特殊/限制性旅客定义 / 040
　　二、特殊/限制性旅客四字代码 / 040
　　三、限制性旅客载运标准 / 041
　　四、医生诊断医疗证明书 / 041
　　五、婴儿（INF） / 042
　　六、无成人陪伴儿童（UM） / 043
　　七、有成人陪伴儿童 / 043
　　八、孕/产妇 / 043
　　九、残疾人旅客 / 043
　　十、伤病及担架旅客 / 045
　　十一、遣返旅客 / 046
　　十二、押送犯罪嫌疑人 / 047

十三、被拒绝入境的旅客／048

十四、被拒绝进行空中旅行的旅客／049

十五、无签证过境／049

第二节　乘客非法干扰处置／049

一、机上扰乱行为／049

二、机上非法干扰行为／052

三、机上乘客非法干扰后续处置／053

第三节　其他旅客管理问题／054

一、调换座位／054

二、应急出口座位的乘客安排／054

三、洗手间的使用／056

四、乘客要求冷藏的物品／056

五、旅客要求进入驾驶舱／056

六、食物中毒的旅客／056

七、机组成员或旅客医疗急救/非计划着陆／057

八、乘客空中死亡／057

九、旅客在飞机未起飞前要求下飞机的处理／058

思考题／058

第四章　客舱运行安全管理　／060

第一节　预先准备阶段／061

第二节　直接准备阶段／062

一、与机组的协调和沟通／062

二、机上设备检查／064

三、飞行前清舱检查／065

四、客舱安全检查报告程序／066

五、对加入机组人员的管理／066

六、乘客登机前／066

第三节　飞行实施阶段／066

一、乘客登机时／066

二、舱门关闭前／072

三、舱门关闭后／072

四、飞机推出前／076

五、飞机起飞前／077

六、飞行中／077

七、着陆前／082

　　　　八、到达 / 082
　　　　九、飞行结束后 / 084
　　第四节　航后讲评阶段 / 086
　　思考题 / 086

第五章　客舱应急设备　/087

第一节　应急设备标识 / 088
第二节　应急设备的使用和注意事项 / 091
　　一、旅客的供氧气系统 / 091
　　二、手提式氧气瓶 / 092
　　三、灭火器 / 093
　　四、卫生间的灭火系统 / 095
　　五、防烟面罩 / 096
　　六、应急定位发报机 / 097
　　七、救生衣 / 100
　　八、防火衣 / 101
　　九、石棉手套 / 102
　　十、防烟眼镜 / 102
　　十一、应急照明 / 102
　　十二、安全带 / 103
　　十三、麦克风 / 104
　　十四、应急救生斧 / 104
　　十五、安全演示包 / 104
　　十六、紧急出口 / 105
　　十七、滑梯 / 105
　　十八、急救药箱 / 106
　　十九、应急医疗箱 / 107
　　二十、救生船 / 108
思考题 / 118

第六章　客舱应急处置　/119

第一节　应急撤离的基本知识 / 120
　　一、应急处置的基本原则 / 120
　　二、机组职责 / 120
　　三、报告和紧急通信 / 121

四、指挥体系 / 122
　　五、撤离出口的选择 / 123
　　六、选择援助者的原则 / 125
　　七、旅客座位调整原则 / 126
　　八、锐利和松散物品的处理原则 / 126
　　九、各种防冲撞姿势 / 127
　　十、检查和固定设备，清理出口和通道 / 129
　　十一、乘务员自身确认 / 129
　　十二、跳滑梯的姿势 / 129
　　十三、逃离方向的选择和撤离时间 / 130
　　十四、陆地撤离时的程序 / 130
　　十五、水上撤离时的程序 / 131
　　十六、异常情况下应急撤离 / 132
　　十七、有准备的应急撤离 / 132
　　十八、无准备应急撤离 / 134
　　十九、旅客撤离飞机后的清舱 / 134
　　二十、救生船的撤离顺序 / 134
　　二十一、应急情况下带班乘务长的指挥程序 / 134
　　二十二、撤离时带班乘务长携带的物品 / 135
　　二十三、陆地/水上撤离时的指挥口令 / 135
第二节　机上火灾 / 141
　　一、火灾的隐患 / 142
　　二、火灾的种类 / 142
　　三、灭火程序 / 142
　　四、特殊火灾的处理 / 143
第三节　客舱释压 / 149
　　一、旅客的缺氧反应 / 150
　　二、客舱释压的类型 / 151
　　三、客舱释压的处置程序 / 152
　　四、客舱释压的处置原则 / 153
第四节　危险品处置 / 153
　　一、危险品的定义 / 153
　　二、危险物品的分类 / 153
　　三、危险品的运输准备 / 156
　　四、飞机上发现危险品的处理 / 157
　　五、处理危险品应遵循的原则 / 157
　　六、机上爆炸物处置程序 / 157

第五节　空中劫持 / 159
　　一、劫机的处理原则 / 159
　　二、劫机处置方法 / 160
思考题 / 161

第七章　野外求生　/163

第一节　野外求生的基本原则 / 164
　　一、基本原则 / 164
　　二、指导方针 / 165
第二节　陆地求生 / 166
　　一、撤离后的组织 / 166
　　二、建立避难所 / 166
　　三、饮水 / 167
　　四、食品 / 167
　　五、野外取火 / 168
　　六、陆地求生要点 / 169
第三节　水上求生 / 169
　　一、海上求生的特点 / 169
　　二、水中保暖 / 169
　　三、饮水 / 170
　　四、食品 / 171
　　五、发现陆地 / 171
第四节　特殊环境的求生 / 172
　　一、森林求生 / 172
　　二、极地/冬季求生 / 173
　　三、沙漠求生 / 173
第五节　应急求救信号与联络 / 174
　　一、应急求救信号 / 174
　　二、应急求救信号的可用资源 / 174
　　三、应急求救信号方式 / 175
　　四、发信号时要注意的问题 / 179
思考题 / 180

参考文献　/181

第一章

飞机的基本构造

Chapter 01

民用飞机融合了几十年的民用航空飞行经验教训，现代飞机可以说是有史以来设计最可靠、装备最完美的交通运输工具。在现代这个高速发展的时代，飞机被广泛使用。飞机的基本结构包括机身、机翼、尾翼、起落装置和动力装置。另外，飞机上还装备有各种电子仪表、飞行仪表、通信设备、领航设备等机载设备和操纵系统以及客舱生活服务设施等。下面对飞机的基本结构进行简单介绍。

第一节　飞机的组成部分及其功用

一、飞机的动力装置系统

动力装置主要用来为飞机提供推力。其次为飞机提供电源和气源等能源保证。

1. 螺旋桨飞机和喷气式飞机

根据飞机发动机的类型，可将飞机分为螺旋桨飞机和喷气式飞机。

（1）螺旋桨飞机（propeller airplane）　螺旋桨飞机（图1-1）是指用空气螺旋桨将发动机的功率转化为推进力的飞机。从第一架飞机诞生直到第二次世界大战结束，几乎所有的飞机都是螺旋桨飞机。在现代飞机中除超音速飞机和高亚音速干线客机外，螺旋桨飞机仍占有重要地位。支线客机和大部分通用航空中使用的飞机的共同特点是飞机重量和尺寸不大、飞行速度较小和高度较低，要求有良好的低速和起降性能。螺旋桨飞机能够较好地适应这些要求。

图1-1　螺旋桨飞机

（2）喷气式飞机（jet aircraft）　喷气式飞机（图1-2）是一种使用喷气发动机作为推进力来源的飞机。喷气发动机的诞生，为人们追求更快、更高的飞行目标提供了可靠的动力。喷气式飞机一诞生，就接二连三地打破了活塞式飞机创造的飞行速度和高度的记录。1944年，德国和英国的首批喷气式战斗机投入使用。

第一章 飞机的基本构造

图 1-2 喷气式飞机

1949 年，第一架喷气式民航客机——英国的"彗星"号（如图 1-3 所示）首次飞行。从此，人类航空进入了喷气机时代。到今天，世界上绝大部分作战飞机和干线民航客机早已实现了喷气化。喷气式飞机所使用的喷气发动机靠燃料燃烧时产生的气体向后高速喷射的反冲作用使飞机向前飞行，它可使飞机获得更大的推力，飞得更快。

图 1-3 "彗星"号飞机

根据飞机的飞行速度可将飞机分为亚音速飞机和超音速飞机。

亚音速飞机又分低速飞机（飞行速度低于 400 千米/小时）和高亚音速飞机（飞行速度马赫数 M 为 0.8～0.9）。多数喷气式飞机为高亚音速飞机。

超音速飞机是飞机速度能超过音速的飞机。协和式飞机（如图 1-4 所示）号称"空中骄子"，是目前世界上唯一投入商业运行的超音速民航客机。1963 年 1 月，协和式飞机诞生，1976 年 1 月 21 日"协和"号进行了第一次商业飞行。飞机总重为 180 吨。翼展 25.5 米，机长 61.7 米，高 11.3 米，客舱宽 2.9 米，它可载客 100 名，一次可加注 95.6 吨燃油，每小时要消耗掉 20.5 吨。它能爬升到距地面 15000～18000 米的高空，以每小时约 2150 千米的速度巡航，不间断飞行距离为 6230 千米。

图 1-4 协和式飞机

协和式飞机使用三角翼,细长的机身旨在把飞行产生的阻力减到最小,纵向设计的油箱系统使飞机更能很好地适合高速飞行。为了避免细长的机头在起降时挡住飞行员的视线,在设计时专家让协和式飞机在起飞时头部下垂,巡航时则转成正常状态。这使其在空中的飞行姿态犹如鲲鹏展翅。

协和式飞机的创意旨在打破时速限制,成倍缩短旅行时间。以伦敦到纽约 7100 千米的飞行距离为例,波音和空中客车飞机需要 6~7 小时,而协和式飞机 3 小时就可到达,不过票价高达 9000 美元。

协和式飞机这个"空中骄子"生来就命运多舛。协和式飞机豪华舒适的内部设施以及高速飞行对"惜时如金"的商业人士具有强大的吸引力,协和式飞机一度成为欧美商贾贵族出行的首选。协和式飞机的高制造成本和高油耗造成协和式飞机昂贵的票价,这是协和式飞机自身致命的弱点,让许多航空公司敬而远之。此外,协和式飞机还有许多无法克服的毛病,如载客量小、噪声大等。2000 年 7 月 25 日,法航一架协和式客机发生空难,机上 114 名乘客和机组人员全部遇难,这使人们对协和式飞机的畏惧大大增加。2003 年 4 月 10 日,法航和英航宣布停止协和式飞机的商业运营。

2. APU

APU(如图 1-5 所示)全称为辅助动力装置,它是一台安装在飞机尾部的燃气涡轮发动机。APU 的作用是向飞机独立地提供电力和压缩空气,也有少量的 APU 可以向飞机提供附加推力。飞机在地面上起飞前,由 APU 供电来启动主发动机,从而不需依靠地面电、气源车来发动飞机。在地面时,APU 提供电力和压缩空气,保证客舱和驾驶舱内的照明和空调。在飞机起飞时使发动机功率

图 1-5 辅助动力装置(APU)

全部用于地面加速和爬升，改善了起飞性能。降落后，仍由 APU 供应电力照明和空调，使主发动机提早关闭，从而节省了燃油，降低机场噪声。

APU 为飞机启动发动机提供电力和气源。通常飞机在爬升到一定高度（5000 米以下）辅助动力装置关闭。但在飞行中当主发动机空中停车时，APU 可在一定高度（一般为 10000 米）以下的高空中及时启动，为发动机重新启动提供动力。

二、机身的组成与功用

飞机机身主要用来搭载人员、货物、燃油和其他物资，还设计有通风、保暖、防止噪声、增压与安全等辅助设备。飞机的机身是飞机的主体部分。现代飞机的机身外形为两头小、中间大的筒状流线体，机身截面大多采用圆形，驾驶舱位于飞机最前部，便于飞行员观察和驾驶。中部是客舱或货舱用来装载旅客、货物、燃油和设备等，机身后部和尾翼相连。机身构造要使内部具有尽可能大的空间，提高单位体积利用率；其各部分必须可靠；还要有良好的通风、加温、隔音设备，驾驶舱视界广阔，方便飞机起降；在气动方面要求尽可能减少阻力，形状流线化。在保证强度、刚度、抗疲劳能力的条件下，使用各种新型材料，尽可能减轻飞机自重，提高承载能力。

1. 航空燃油

航空燃油分为两大类：航空汽油，用于活塞式航空发动机的飞机上；航空煤油，用于喷气式发动机的飞机上。

随着航空工业和民航事业的发展，民航的大型客机的动力装置逐步被涡轮喷气发动机代替。这种发动机推动飞机向前飞行，通过把燃料燃烧转变为燃气产生推力，使用的燃料称为喷气燃料。由于国内外普遍生产和广泛使用的喷气燃料多属于煤油型，所以通常称之为航空煤油，简称航煤。航空煤油的优势是密度适宜，热值高，燃烧性能好，能迅速、稳定、连续、完全燃烧，且燃烧区域小，积碳量少，不易结焦；低温流动性好，能满足寒冷低温地区和高空飞行对油品流动性的要求；热稳定性和抗氧化性好，可以满足超音速高空飞行的需要；洁净度高，无机械杂质及水分等有害物质，硫含量尤其是硫醇性硫含量低，对机件腐蚀性小，如图 1-6 所示。

相对比航空煤油主要用作航空涡轮发动机的燃料来说，汽油则不安全，容易挥发，太容易燃烧。柴油黏度太大，在涡轮发动机里不适合，因为要靠很细小的喷嘴把燃料喷成雾状的，才能跟高压高温空气充分混合，产生猛烈燃烧。航空燃油持续猛烈燃烧能达到的最高温度是 1100℃ 左右。

2. 黑匣子

"黑匣子"是飞机专用的电子记录设备之一，名为航空飞行记录器，里面装有飞行数据记录仪和驾驶舱话音记录器。飞机各机械部位和电子仪器仪表都装有传感器与之相连。它能把飞机停止工作或失事坠毁前半小时的有关技术参数和驾驶舱内的声音记录下来，需要时把所记录的参数重新放出来，供飞行实验、事故分析之用。

飞行数据记录仪主要记录飞机的各种飞行数据，包括飞行姿态、飞行轨迹（航

图 1-6　白雾为泄漏的燃油

迹)、飞行速度、加速度、经纬度、航向,以及作用在飞机上的各种外力,如阻力、升力、推力等,共约200多种数据,可保留20多小时的飞行参数。超过这个时间,飞行数据记录仪就自动更新,旧数据被新数据覆盖。飞行记录仪的安装位置,如图1-7所示。

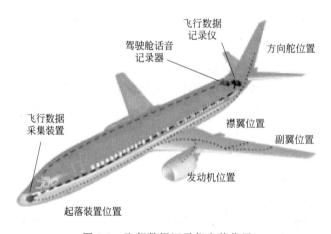

图 1-7　飞行数据记录仪安装位置

驾驶舱话音记录器主要记录机组人员和地面人员的通话、机组人员之间的对话以及驾驶舱内出现的各种音响(包括飞机发动机的运转声音)等。它的工作原理类似普通磁带录音机,磁带周而复始运行不停地洗旧录新,总是留下录的最后半小时的各种声音。一次飞行通常要经历9个阶段(滑行、起飞、初始爬升、爬升、巡航、下降、开始进场、最后进场、着陆),每一阶段的情况,都逃不过黑匣子的"耳朵"。

黑匣子通常安装在机尾。因为,科学家通过对多起飞行事故分析,发现飞行器的机尾部分不容易损坏,所以黑匣子安装在机尾。

黑匣子（图 1-8，见后文彩插）通常是用铁金属和一些高性能的耐热材料做成。具有极强的抗火、耐压、耐冲击振动、耐海水（或煤油）浸泡、抗磁干扰等能力，即便飞机已完全损坏，黑匣子里的记录数据也能完好保存。黑匣子外表被漆成明亮的橘红色。这种明亮显眼的颜色，以及记录仪外部的反射条带，都使得事故调查员们可以在飞机失事后很快地找到记录仪，特别是当飞机坠落在水上时。除了颜料和反射条带外，记录仪还装备了水下信标。在盒体的一端有一个小的、圆柱体的物体。它看起来是黑匣子把

图 1-8　黑匣子

手的两倍大，实际上它就是信标。信标通常发送 37.5 千赫的脉冲信号，并能从深为 14000 英尺（4267 米）的水下传递声音。当飞机坠入水中时，信标开始发送人耳听不到的超声波脉冲，这种脉冲可以被声呐和声学定位仪探测到。在信标的一端有像公牛眼一样的水下传感器。当水接触到传感器，信标就会被激活而发出超声波脉冲。一旦信标开始工作，它会每秒发送一次信号并持续 30 天。信标由可以连续工作 6 年的电池驱动。在十分罕见的情况下，信标才可能被强大的力量冲击而折断。

三、机翼的结构与功用

飞机机翼（图 1-9）是一块前、后缘厚度不同的曲面板，上表面有较大的曲度，下表面则平直。机翼的主要功用是产生升力，支持飞机在空中飞行；机翼对飞机也起一定的稳定和操纵作用，同时还为飞机油箱、起落架舱和发动机提供安放位置。机翼上一般安装有副翼和襟翼、缝翼、减速板等。飞机机翼一般分为四个部分：翼根、前缘、后缘、翼尖。机翼的翼尖两点的距离称为翼展。

图 1-9　飞机机翼

1. 机翼产生升力的原因

飞机机翼是块曲面板，从侧面看，机翼顶部弯曲，而底部相对较平。机翼在空气中

穿过将气流分隔开来。一部分空气从机翼上方流过，另一部分从下方流过。空气的流动在日常生活中是看不见的，但低速气流的流动却与水流有较大的相似性。日常的生活经验告诉我们，当水流以一个相对稳定的流量流过河床时，在河面较宽的地方流速慢，在河面较窄的地方流速快。流过机翼的气流与河床中的流水类似，由于机翼一般是不对称的，上表面比较凸，而下表面比较平，流过机翼上表面的气流就类似于较窄地方的流水，流速较快，而流过机翼下表面的气流正好相反，类似于较宽地方的流水，流速较上表面的气流慢。根据流体力学的基本原理，流动慢的大气压强较大，而流动快的大气压强较小，这样机翼下表面的压强就比上表面的压强高，换一句话说，就是大气施加于机翼下表面的压力（方向向上）比施加于机翼上表面的压力（方向向下）大，二者的压力差便形成了飞机的升力，如图1-10所示。

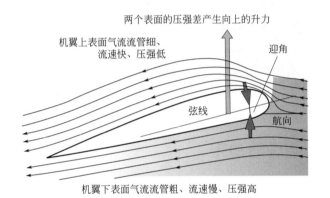

图1-10　机翼产生升力的原因

简单来说，飞机向前飞行得越快，机翼产生的气动升力也就越大。当升力大于重力时，飞机就可以向上爬升；当升力小于重力时，飞机就可以降低高度。

当飞机的机翼为对称形状，气流沿着机翼对称轴流动时，由于机翼两个表面的形状一样，因而气流速度一样，所产生的压力也一样，此时机翼不产生升力。但是当对称机翼以一定的倾斜角（称为攻角或迎角）在空气中运动时，就会出现与非对称机翼类似的流动现象，使得上下表面的压力不一致，从而也会产生升力。

2. 副翼

副翼是指安装在机翼翼梢后缘外侧的一小块可动的翼面。为飞机的主操作舵面，飞行员操纵左右副翼差动偏转所产生的滚转力矩可以使飞机做横滚机动。

3. 前缘缝翼

前缘缝翼是安装在基本机翼前缘的一段或者几段狭长小翼，主要是靠增大飞机临界迎角来获得升力增加的一种增升装置。

前缘缝翼的作用主要有两个：一是延缓机翼上的气流分离，提高了飞机的临界迎角，使得飞机在更大的迎角下才会发生失速；二是增大机翼的升力系数，其中增大临界迎角的作用是主要的。这种装置在大迎角下，特别是接近或超过基本机翼的临界迎角时才使用，因为只有在这种情况下，机翼上才会产生气流分离。

4. 襟翼

襟翼是安装在机翼后缘内侧的翼面，襟翼可以绕轴向后下方偏转，主要是靠增大机翼的弯度来获得升力增加的一种增升装置。当飞机在起飞时，襟翼伸出的角度较小，主要起到增加升力的作用，可以加速飞机的起飞，缩短飞机在地面的滑跑距离；当飞机在降落时，襟翼伸出的角度较大，可以使飞机的升力和阻力同时增大，以利于降低着陆速度，缩短滑跑距离。在现代飞机设计中，当襟翼的位置移到机翼的前缘，就变成了前缘襟翼。前缘襟翼也可以看作是可偏转的前缘。在大迎角下，它向下偏转，使前缘与来流之间的角度减小，气流沿上翼面流动，避免发生局部气流分离，同时也可增大翼型的弯度。

5. 扰流板

扰流板（图1-11）有的称之为"减速板""阻流板"或"减升板"等，这些名称反映了它们的功能。扰流板分为飞行扰流板和地面扰流板两种，左右对称分布，地面扰流板只能在地面才可打开。实际上扰流板是铰接在机翼上表面的一些液压制动板，飞行员操纵时可以使这些板向上翻起，增加机翼的阻力，减少升力，阻碍气流的流动，达到减速、控制飞机姿态的作用。在空中飞行时，扰流板可以降低飞行速度并降低高度。只有一侧的扰流板动作时，作用相当于副翼，主要是协助副翼等主操作舵面来有

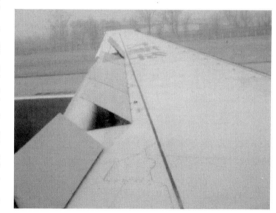

图1-11 打开的扰流板

效控制飞机做横滚机动。当飞机着陆在地面滑跑过程中时，飞行扰流板和地面扰流板会尽可能地张开，以确保飞机迅速减速。

四、尾翼的作用

尾翼的主要功能是操纵飞机的俯仰和偏转，保证飞机的平稳飞行。

飞机的尾部有两片小机翼，被称为水平尾翼和垂直尾翼，它们的作用是保证飞机飞行方向的稳定性和操纵性。飞行员以此操纵飞机的方向。它们都是对称翼型、都带有很大的襟翼（舵面），飞行员靠操纵杆来调整升力特性。

1. 水平尾翼

水平尾翼（图1-12）简称平尾，安装在机身后部，主要用来保持飞机在飞行中的稳定性和控制飞机的飞行姿态。尾翼的内部结构与机翼十分相似，通常都是由骨架和蒙皮构成，但它们的表面尺寸一般较小，厚度较薄，在构造形式上有一些特点。一般来说，水平尾翼由固定的水平安定面和可偏转的升降舵组成。

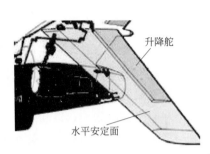

图 1-12　水平尾翼

（1）水平安定面　水平安定面的作用是使飞机具有适当的静稳定性。当飞机在空中作近似匀速直线运动飞行时，常常会受到各种上升气流或者侧向风的影响，此时飞机的航行姿态就会发生改变，飞机会围绕质心左右（偏航）、上下（俯仰）以及滚转。如果飞机是不稳定的，就无法自动恢复到原来的飞行姿态，即如果飞机受到风的扰动而抬头，那么飞机就会持续抬头，而且当这股扰动气流消失以后，飞机就会保持抬头姿态，而无法恢复到原来的姿态。

飞机的水平安定面能够使飞机在俯仰方向上（即飞机抬头或低头）具有静稳定性。水平安定面是水平尾翼中的固定翼面部分。当飞机水平飞行时，水平安定面不会对飞机产生额外的力矩；而当飞机受到扰动抬头时，此时作用在水平安定面上的气动力就会产生一个使飞机低头的力矩，使飞机恢复到水平飞行姿态；同样，如果飞机低头，则水平安定面产生的力矩就会使飞机抬头，直至恢复水平飞行为止。

（2）升降舵　上面所说的情况是假设飞机作自由运动，而没有飞行员操纵。当我们需要操纵飞机抬头或低头时，水平尾翼中的升降舵就会发生作用。升降舵是水平尾翼中可操纵的翼面部分，其作用是对飞机进行俯仰操纵。

当需要飞机抬头向上飞行时，飞行员就会操纵升降舵向上偏转，此时升降舵所受到的气动力就会产生一个抬头的力矩，飞机就抬头向上了。反之，如果飞行员操纵升降舵向下偏转，飞机就会在气动力矩的作用下低头。

2．垂直尾翼

垂直尾翼（图 1-13）的垂直安定面即垂尾的固定部分，起到航向平衡的作用。垂尾的后半部铰接在垂直安定面，称为方向舵。通过方向舵的左右偏

图 1-13　垂直尾翼

转，机头可向左或向右转动。

五、起落装置的分类与作用

起落装置的主要功用是支撑飞机滑行、滑跑和起降，同时还能吸收飞机着陆和滑行

时的撞击能量并操纵滑行方向。其由起落架和相关的收放系统等部分组成，一般包括起落架舱、制动装置、减震装置、收放装置等几个部分。起落架的主要作用是在地面上支撑飞机并保证飞机在起飞、滑跑和在地面上移动的运动功能，它除了承受着飞机停放时的重力和运动时的动载荷外，还承受着飞机着陆时巨大的冲击载荷，它决定着飞机起降时的性能和安全。

1. 浮筒式起落架

浮筒式起落架（图 1-14）由浮筒浮力支持飞机重量，供飞机在水面停放、滑行和起降的装置。

图 1-14　浮筒式起落架

2. 轮式起落架

在飞机起飞后，轮式起落架可收入机身或机翼，以减少阻力。它可分为前三点式（图 1-15）和后三点式（图 1-16）。

图 1-15　前三点式

前三点式起落架指主要由于发动机功率增加，尾轮由位于主轮前的前轮所取代，承重起落架（主起落架）在后，机头装前起落架。飞机呈现水平状，这有利于检修、装卸货物和加油。现代大型民航飞机的起落架都采用前三点式布局。

图 1-16　后三点式

后三点式起落架则是两个主轮在前,尾轮或尾橇在后,利于发动机功率较小的飞机起飞,且起飞的跑道较短。

第二节　飞机常用参数

(1) 机长　指飞机机头最前端至飞机尾翼最后端之间的距离。

(2) 机高　指飞机停放地面时,飞机尾翼最高点的离地距离。

(3) 翼展　指飞机左右翼尖间的距离。

(4) 最大起飞重量　指飞机适航证上所规定的该型飞机在起飞时所许可的最大重量。

(5) 最大着陆重量　指根据飞机的起落架和机体结构所能承受的撞击量。由飞机制造厂和民航局规定。

(6) 飞机基本重量　指除商务载重(旅客及行李、货物邮件)和燃油外,飞机作好执行飞行任务准备的飞机重量。

(7) 最大无燃油重量　指飞机没有燃油时的最大重量。

(8) 商务载重　指飞机的商业载荷。

(9) 着陆重量　飞机起飞重量-航程燃油重量。

(10) 无燃油重量　飞机使用空机重量+商务载重。

(11) 停机坪重量　飞机无燃油重量+可用燃油重量。

(12) 最大航程　是指飞机一次加油能飞行的最大距离。

(13) 最大速度　也称极限速度,指飞机能达到的最大空中飞行速度,喷气式飞机速度较高,一般用 M 数表示,也有用每小时飞行多少千米表示。M 数称为马赫数,是飞机的真速与所在高度的音速的比值,一般巡航马赫数在 0.8~0.85。

(14) 着陆速度　(又称接地速度)是指飞机接地瞬间的速度,此时飞机升力大致与飞机着陆重量相等,所以接地速度的大小决定于飞机着陆重量、气象条件和接地时的升力系数（与飞机形态有关）。

（15）经济巡航速度　飞机发动机有着各种不同的工作状态，当飞机发动机飞行时每公里消耗燃油最少情况下的飞行速度就是经济巡航速度。

第三节
航空知识

一、大气层的结构

大气，就是包围地球的一层很厚的空气。因而这层大气称为大气层（aerosphere）（图1-17），又叫大气圈。大气层的空气密度随高度而减小，越高空气越稀薄。大气层的厚度大约在1000千米以上，但没有明显的界线。整个大气层随高度不同表现出不同的特点，分为对流层、平流层、中间层、暖层和散逸层，再上面就是星际空间了。

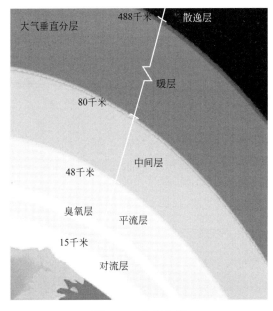

图1-17　大气分层

1. 对流层

这一个层次从地面向上，直到10千米左右的范围，是大气层的最低层。在这个范围内，大气的温度随着高度的增加而不断下降（表1-1）。这是因为该层不能直接吸收太阳的短波辐射，但能吸收地面反射的长波辐射而从下垫面加热大气。因而靠近地面的空气受热多，远离地面的空气受热少。每升高1千米，气温约下降6.5℃。在11千米附近，温度下降到－55℃。在这层里，大气活动异常激烈，或者上升，或者下降，甚至还会翻滚。正是由于这些不断变化着的大气运动，形成了多种多样复杂的天气变化，风、云、雨、雪、雾、露、雷、雹也多发生在这个层里，所以也有人称这层为气象层。这层的顶叫对流层顶。

表 1-1　大气层与温度变化

层序	高度/千米	温度分布变化
对流层	0～17	随着高度的增加而降低
平流层	17～55	随着高度的增加而升高
中间层	55～80	随着高度的增加而降低
暖层	80～500	随着高度的增加而升高
散逸层	500～1000	随着高度的增加而升高

2．平流层

从对流层顶向上到 55 千米附近。在这个范围里，温度不再像对流层里那样不断下降了，平流层的下层随高度增加气温变化很小。大约在 20 千米以上，气温又随高度增加而显著升高，出现逆温层。这是因为 20～25 千米高度处，臭氧含量最多。臭氧能吸收大量太阳紫外线，从而使气温升高。这里空气成分几乎不变，水汽与尘埃几乎不存在，所以这里经常是晴空万里，能见度高。

3．中间层

从平流层顶向上，也就是从 55～80 千米这个范围被命名为中层大气，简称中间层。在这里，温度随高度而下降。

4．暖层

从中层大气向上，也就是从 80 千米到 500 千米左右的范围，这里温度随高度迅速上升，可达到 1000～2000℃，称为热层，也叫暖层。在这里空气高度稀薄，而且多处在高度电离状态。

5．散逸层

又叫外层，500 千米以上是外大气层，这一层顶也就是地球大气层的顶。在这里地球的引力很小，再加上空气又特别稀薄，气体分子互相碰撞的机会很小，因此空气分子就像一颗颗微小的导弹一样高速地飞来飞去，一旦向上飞去，就会进入碰撞机会极小的区域，最后它将告别地球进入星际空间，所以外大气层被称为散逸层。但总的说来，散逸掉的大气是很少的一部分，几乎可以忽略不计。这一层温度极高，但近于等温。这里的空气也处于高度电离状态。

二、常用的温度单位

华氏度和摄氏度都是用来计量温度的单位。包括我国在内的世界上很多国家都使用摄氏度，但美国和其他一些英语系国家使用华氏度而较少使用摄氏度。

摄氏温度（℃）和华氏温度（℉）之间的换算关系为：℉ ＝ 9/5℃ ＋ 32 或 ℃ ＝ 5/9

(℉－32)。

华氏度的结冰点是 32℉，在 1 标准大气压下水的沸点为 212℉。摄氏度的结冰点是 0℃，在 1 标准大气压下水的沸点为 100℃。

三、常用的里程单位

海里：航海上度量距离的单位。1 海里＝1.852 千米（中国标准）。
英尺：长度单位。1 米＝3.28 英尺。

四、时间与时区

地球总是自西向东自转，东边总比西边先看到太阳，东边的时间也总比西边的早。东边时刻与西边时刻的差值不仅要以时计，而且还要以分和秒来计算，这给人们的日常生活和工作都带来许多不便。

为了克服时间上的混乱，1884 年在华盛顿召开的一次国际会议上，规定将全球划分为 24 个时区。它们是中时区（零时区）、东 1～12 区，西 1～12 区。每个时区横跨经度 15°，时间正好是 1 小时。最后的东、西第 12 区各跨经度 7.5°，以东、西经 180°为界。每个时区的中央经线上的时间就是这个时区内统一采用的时间，称为区时。相邻两个时区的时间相差 1 小时。例如，我国东 8 区的时间总比泰国东 7 区的时间早 1 小时，而比日本东 9 区的时间晚 1 小时。因此，出国旅行的人，必须随时调整自己的手表，才能和当地时间相一致。凡向西走，每过一个时区，就要把表拨慢 1 小时（比如 2 点拨到 1 点）；凡向东走，每过一个时区，就要把表拨快 1 小时（比如 1 点拨到 2 点）。

1. 世界时

世界时是以地球自转运动为标准的时间计量系统。地球自转的角度可用地方子午线相对于天球上的基本参考点的运动来度量。UT（universal time）格林尼治时间，亦称"世界时"。我们知道各地都有各地的地方时间。如果对国际上某一重大事情，用地方时间来记录，就会感到复杂不便，而且将来日子一长容易搞错。因此，天文学家就提出一个大家都能接受且又方便的记录方法，那就是以格林尼治的地方时间为标准。

格林尼治是英国伦敦南郊原格林尼治天文台的所在地，它又是世界上地理经度的起始点。对于世界上发生的重大事件，都以格林尼治的地方时间记录下来。一旦知道了格林尼治时间，人们就很容易推算出本地时间。例如：某事件发生在格林尼治时间上午 8 时，我国在英国东面，北京时间比格林尼治时间要早 8 小时，我们就立刻知道这次事件发生在相当于北京时间 16 时，也就是北京时间下午 4 时。

2. 国际日期变更线

假如你由西向东周游世界，每跨越一个时区，就要把你的表向前拨一个小时，这样当你跨越 24 个时区回到原地后，你的表也刚好向前拨了 24 小时，也就是第二天的同一钟点了；相反，当你由东向西周游世界一圈后，你的表指示的就是前一天的同一钟点。当你由西向东跨越国际日期变更线时，必须在你的计时系统中减去一天；反之，由东向西跨越国际日期变更线，就必须加上一天。

为了避免日期上的混乱，国际上统一规定 180°经线为国际日期变更线，作为地球上"今天"和"昨天"的分界线。为避免在一个国家中同时存在着两种日期，实际日界线并不是一条直线，而是折线。它北起北极，通过白令海峡、太平洋，直到南极。这样，日界线就不再穿过任何国家。这条线上的子夜，即地方时间零点，为日期的分界时间。按照规定，凡越过这条变更线时，日期都要发生变化：从东向西越过这条界线时，日期要加一天；从西向东越过这条界线时，日期要减去一天。

五、影响飞机飞行的天气

1. 能见度（VIS）

视力正常的人在昼间能看清目标物轮廓的最大距离，在夜间则是能看清灯光发光点的最大水平距离。

2. 跑道视程（RVR）

指飞行员在位于跑道中线的飞机上观测起飞或着陆方向，能看到跑道面上的标志或能看到跑道边灯或中线灯的最大距离。

影响能见度的天气现象，主要是云、降水、烟幕、风沙、浮尘、雾等。它们都是由水汽凝结或固体杂质聚集而成。由于这些现象的存在，使透明度变差，从而能见距离大为缩短。有些灰尘易发生色散现象，造成视觉疲劳。但影响能见度的天气因素中最大的是雾，雾与飞行的关系十分密切，机场上有雾，严重妨碍起飞和着陆时飞行员的目测，处理不好会危及飞行安全。而且当机长等级不满足能见度标准时飞机不能起飞，有可能造成航班延误。

3. 云对飞行的影响

造成云中飞行颠簸的主要因素是积状云。积状云包括淡积云、浓积云和积雨云。淡积云呈孤立分散的小云块，底部平坦，顶部呈圆弧形凸起，像小土包，云体的垂直厚度小于水平宽度。淡积云对飞行的影响较小。云上飞行较平稳；内部是不强的上升气流，乱流也较弱，若云量多时，在云下或云中飞行有时有轻微颠簸，忽明忽暗，易引起疲劳。

浓积云和积雨云里对流和乱流都很强（其中又以积雨云为最甚），因而产生强烈颠簸。浓积云底部平坦而灰暗，顶部凸起而明亮，圆弧形轮廓一个个互相重叠，像花菜或鸡冠花顶，云体高大。云内水滴浓密，能见度十分恶劣，会遇到中到强度颠簸，云中飞行还常有积冰。积雨云云体十分高大，云顶有白色纤维结构，有时扩展成马鬃状，云底灰暗混乱，常伴有雷电、狂风、暴雨等。云中能见度极为恶劣，飞机积冰强烈，颠簸也极为强烈。

有积状云时，不仅云内有颠簸，云下和云的侧面也有颠簸，越接近云体，颠簸越重。此外，在层积云和高积云中也产生轻到中度颠簸。

4．降水

由于积雨云会造成大量的降水，在降水区内飞行能见度通常比较差，而且降水愈强，能见度愈差。跑道道面积水后，还容易造成刹车效果变差，机轮滑水。雪花和冰晶对光线的反射作用较强，因而降雪时能见度比下雨时更恶劣。

在被雨淋湿的跑道上着陆，容易引起目测高度的误差。

5．闪电和雹击

雷雨天气常见的雷声和闪电在积雨云中产生，积雨云发生的闪电，对飞行有两方面的影响：一是使无线电通信和电子设备受到干扰；二是闪电可能击中飞机，对飞机造成严重的损伤。

在雷暴云中还常伴有冰雹，雹击对飞机机体、驾驶舱的挡风玻璃和机身各个表面都造成严重的撞击和打击，对飞机飞行造成巨大的危害。

六、风切变的影响

风切变是指空间两点之间风的矢量差。即在同一高度或不同高度短距离内风向或（和）风速的变化。在任何高度上都可能产生风切变。

（1）风切变的表现　水平风的垂直切变、水平风的水平切变、垂直风的切变。

（2）对飞行影响最大的低空风切变　它的种类有顺风切变、逆风切变、侧风切变。

（3）产生低空风切变天气的条件

① 雷暴。产生风切变的重要天气条件，它的范围小、寿命短、强度大。

② 锋面。产生风切变最多的气象条件，强冷锋后的大风区内存在严重的低空风切变。

③ 辐射逆温型的低空急流、地形和地物等也是产生风切变的因素。

（4）对飞行的影响

① 当遇到顺风切变时，飞机空速会突然减小，升力下降，飞机向下掉，在低空区如没有足够的高度，飞机有接地的危险。

② 当遇到逆风切变时，飞机空速突然增大，升力增大，飞机突然抬升，会脱离正常的下滑线，影响着陆。

③ 当遇到侧风切变时，飞机会产生侧滑、带坡度，并会偏离预定的着陆方向。

七、飞机结冰

飞机结冰会使飞机的空气动力性能变差，稳定性、操纵性变差，飞机性能下降，发动机工作不正常，飞行仪表指示发生误差，风挡玻璃模糊不清，等等。飞机结冰发生率最高的在 $-20\text{℃} \sim 0\text{℃}$，结冰首先在飞机突出的迎风部位开始，飞机易结冰的部位是机翼、尾翼、发动机进气道前缘、风挡、空速管、天线等。因为结冰通常较为明显，因此往往在这些位置可用肉眼观察到。由于飞机结冰造成过多次空难。

第四节 飞行过程

飞机完成一次飞行任务要经过滑行、起飞、爬升、巡航、下降、着陆等几个阶段，如图 1-18 所示。

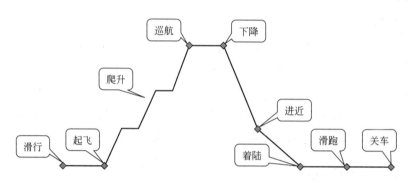

图 1-18　飞行过程

1. 飞机滑行和起飞阶段

滑行是指飞机从停机坪通过滑行道到达跑道端准备起飞。起飞阶段指飞机从跑道滑跑到飞机离开地面到达规定的一定高度的运动过程。飞机从开始滑跑到离地之间的距离，叫起飞滑跑距离。起飞滑跑距离的长短是衡量飞机起飞性能好坏的主要标志之一。

飞机起飞是一个直线加速运动，为使飞机滑跑距离最短，滑跑后，必须给飞机最大的加速力，此时是飞机功率最大和飞行员操作最复杂的时刻，亦是最易发生事故的阶段。飞机起飞分为滑跑、离地和上升等阶段。飞机首先以最大功率在地面滑跑，在起始阶段由于速度不大，方向舵不起作用，速度继续增加到一定数值时，机翼的升力和重量大致相等，飞行员向后拉驾驶杆，飞机绕横轴转动，抬起机头，前轮离地，这个速度称为抬前轮速度。飞机抬前轮增大迎角和升力系数，是为了减小离地速度，缩短滑跑距离。飞机速度增加到一定值时开始抬前轮，飞机开始上升，这时起飞滑跑完成，飞行转入下一阶段，进入加速爬升阶段亦称上升阶段。

（1）飞机抬前轮　飞机开始离地起飞时要抬起前轮，达到一定速度时，飞行员向后带杆，使升降舵上偏，水平尾翼上产生向下的附加空气动力，对主轮接地点形成上仰力矩。由于上仰力矩大于下俯力矩，前轮即抬起。

飞行员的操纵要保证飞机抬前轮的时机与姿态，如果抬前轮过早，阻力增加而增长滑跑距离，并给操纵带来困难；抬前轮过晚，增加滑跑距离；抬前轮姿态应当正好保持飞机离地所需的迎角，姿态过低，离地速度大，增加滑跑距离；姿态过高可能会导致小速度离地，离地后，飞机的稳定性和操纵性也不好，还可能造成飞机机尾擦地，发生事故。飞机抬起前轮，飞行员的驾驶技术此时起着关键作用。

（2）飞机离地　当飞机滑跑速度增大到一定值时，升力稍大于重力，飞机即可离地。飞机起飞滑跑时，当升力正好等于重力的瞬时速度，称为离地速度。

（3）飞机上升　当飞机速度达到规定的上升速度时，飞行员操纵驾驶杆使飞机转入稳定上升阶段，上升到规定的高度时，起飞阶段结束。

2．飞机爬升阶段

爬升阶段是指飞机由起飞阶段到达巡航高度的阶段。爬升有两种方式，一种是按固定的角度持续爬升达到预定高度。另一种是阶段式的爬升，飞机升到一定高度后，水平飞行以增加速度，然后再爬升到第二个高度，经过几个阶段后爬升到预定高度。阶段式的爬升由于飞机的升力随速度升高而增加，同时燃油的消耗使飞机的重量不断减轻，所以这样的爬升最省燃油。

3．飞机巡航阶段

飞机爬升到达预定高度后，保持水平等速飞行状态，称为巡航阶段。如果没有太大的天气变化，飞行员可以按照选定的速度和姿态稳定飞行，飞机几乎不需要操纵就可以保持稳定飞行。此时，飞机的飞行高度称为巡航高度，飞行速度称为巡航速度。

4．飞机下降阶段

当飞机飞抵目的地降落前半小时或更短的飞行距离时，飞行员开始逐渐降低飞行高度，飞机到达目的地机场的空域上空，称为飞机下降阶段。

5．飞机进近和着陆阶段

飞机进近也叫进场，指飞机在机场上空由地面管制人员指挥对准跑道下降的阶段。这个阶段飞机需要按航行规则绕机场飞行后直接对准跑道，飞机减速，放下襟翼和起落架，开始着陆。

飞机从一定的高度下滑，并降落在地面滑跑至完全停止运动的整个过程，叫着陆。着陆是飞机高度不断降低、速度不断减小的运动过程。一般分为5个阶段，即飞机下滑、拉平、平飘、接地和着陆滑跑阶段。

整个飞机飞行过程中，操作最复杂的是起飞和着陆阶段。从全球已发生的飞机事故统计来看，绝大多数航空事故出现在这两个阶段。飞机起飞阶段的三分钟和着陆阶段的八分钟，在民航业也有"黑色十一分钟"的说法。因而在飞机设计上和飞行员的训练上这两个阶段都是重中之重，以确保飞行安全。

思考题

1. 飞机的基本构造？
2. APU的全称及功用？

3. 航空燃油的分类？
4. 黑匣子的全称及作用？
5. 飞机能够飞起来的原理？
6. 飞机尾翼的构造？
7. 大气层的特点？
8. 飞机飞行的几个过程的特点？
9. 风切变对飞行的影响？

第二章

客舱服务安全管理

日本航空公司 2018 年 12 月 25 日发布调查结果称，12 月 17 日日本成田机场飞往火奴鲁鲁的 786 次航班上，一名 46 岁的女性客舱乘务员被检出了酒精，"有可能是在向乘客供餐时，在厕所内喝了酒"。虽然该乘务员一直否认，但从乘务员同事看到她频繁出入厕所，以及在垃圾箱里发现了 1 个 170 毫升装香槟的空瓶等情况判断，这名乘务员确实有过饮酒行为。

据日本共同社 12 月 25 日报道，日航 21 日才因为飞行员饮酒丑闻等，收到了日本国土交通省的业务整改命令，其安全意识或再次受到质疑。

第一节 机组安全职责

一、机长职权

① 在飞行期间，飞机的操作由机长负责，机长应当严格履行职责并对飞机的安全运行、机上所载人员和财产的安全负责。

② 机长对飞机拥有完全的控制权、管理权和最终决定权，这些权力没有限制，可以超越机组其他成员及他们的职责；机长在其职权范围内发布命令，为保证飞机及机上人员安全和良好的客舱秩序，机上所有的人员必须听从机长的指挥，服从机长命令。

③ 机长发现机组人员不适宜执行飞行任务的，为保证飞行安全，有权提出调整。

④ 机长负责组织机组进行飞行前的预先和直接准备，与飞行签派员共同签字放行；并对飞机实施必要的检查；未经检查，不得起飞。机长发现飞机、机场、气象条件等不符合规定，不能保证飞行安全时，有权拒绝起飞。

⑤ 对于任何破坏飞机、扰乱飞机内秩序、危害飞机所载人员或者财产安全以及其他危及飞行安全的行为，在保证安全的前提下，机长有权决定有关人员或货物离开飞机。

⑥ 严格执行相关程序、检查单和操作手册中的要求，以及燃油量、氧气量、最低安全飞行高度、机场最低标准和备降场等规定；依据 MEL/CDL（MEL 指最低设备清单/CDL 指飞机构型缺陷清单）确定飞机满足适航要求。

⑦ 确保载重平衡符合安全要求；检查技术记录本上所填写的故障处理情况和故障保留单，确认飞机的适航能力。

⑧ 向全体机组人员下达指令，可将部分职责授权给指定的机组人员和分配任务；当其离开驾驶舱时，应做出适当的指示；返回时，应立即听取汇报；履行职责，严格按操作规范驾驶飞机，严格按飞行计划飞行，并遵守其运行规范规定的限制和空中规则。

⑨ 应保证始终在有效的通信频率上进行无线电通信；并与其他机组人员建立有效

的联系。

⑩ 飞机发生事故，机长应当直接或者通过空中交通管制部门，如实将事故情况及时报告空中交通管制部门；确保运行期间飞行记录器不被人为关断。

⑪ 在需立即决策或行动紧急的情况下，可采取任何必要的行动，在此情况下，为了安全起见，可不必遵循常规操作程序及方法，但对其结果负责。

⑫ 飞机遇险时，机长指挥机组人员和飞机上其他人员采取一切必要抢救措施。在必须撤离遇险飞机的紧急情况下，首先组织乘客安全离开飞机；未经机长允许，机组人员不得擅自离开飞机；机长应当最后离开飞机。

⑬ 机长收到船舶或者其他航空器的遇险信号，或者发现遇险的船舶、航空器及其人员，应当将遇险情况及时报告就近的空中交通管制单位并给予可能的合理的援助。

⑭ 飞行中，机长因故不能履行职务的，由仅次于机长职务的飞行员代理机长；在下一个经停地起飞前，民用航空器所有人或者承租人应当指派新机长接任。

⑮ 当机长使用应急权力时，他必须将飞行进程情况及时准确地向相应的空中交通管制部门和公司运行控制中心报告，并在返回住地后 24 小时内向安全监察部门提交书面报告。

⑯ 飞行结束后，机长检查各种记录本、文件及报告填写正确。适时进行机组讲评。

二、主任乘务长/乘务长职责

主任乘务长/乘务长主要履行客舱管理的职责，其职责包含但不限于以下内容：

① 遵守法律法规和公司政策，按照公司手册程序开展工作，保障机上乘员安全。

② 对客舱工作进行管理，组织、监督、协调客舱机组成员在执行航班任务中按手册要求履行程序和标准，合理分工。

③ 服从机长指挥，向机长汇报，保持与飞行机组、客舱机组成员的沟通。

④ 负责与地面保障部门的协调和沟通，并做好相关交接与记录工作。

⑤ 收集乘客反馈信息、航班任务中的信息、客舱设备信息，并做好记录和反馈。

⑥ 评估和记录客舱机组表现。

⑦ 组织处理客舱中各种不正常情况，在客舱中发生与安全有关的事件后，填写"公司机上紧急事件报告单"，并向所在单位报告。

⑧ 向公司提出合理化建议。

三、区域乘务长职责

① 在主任乘务长的领导下开展工作，协助主任乘务长处理机上服务及客舱安全的有关事宜。

② 在服务工作中除承担本区域所规定的工作职责外，还应对所管辖区域的服务工作及客舱安全进行全面管理。

③ 遇有紧急情况及时报告主任乘务长、机长，在机长/主任乘务长的指挥下，沉着、冷静尽最大努力保证乘客安全。

④ 检查落实本区域紧急设备处于待用状态。

⑤ 区域乘务长就客舱乘务组的监督、客舱管理和客舱安全以及服务质量向主任乘务长负责。

四、客舱乘务员职责

客舱乘务员的主要职责是确保客舱安全，其职责包含但不限于以下内容：

① 遵守法律法规和公司政策，按照公司手册程序开展工作，保障机上乘员安全。

② 服从机长、乘务长管理，向机长、乘务长汇报，保持与机长、乘务长和客舱机组成员之间的沟通。

③ 要求乘客遵守法律法规、公司政策手册和机组指令，维持客舱秩序，协助机长和空中保卫人员做好安全保卫工作。

④ 在满足和确保安全的前提下，可以为乘客提供适当的服务；如遇有颠簸或其他不正常、不安全的情况，客舱乘务员可以调整、删减服务程序，或不提供服务。

⑤ 收集乘客反馈信息、航班运行中的信息和客舱设备信息，并向乘务长汇报。

⑥ 处置客舱内各种不正常情况。

⑦ 完成必需的训练，确保个人资质符合飞行运行要求。

⑧ 按照规章和公司政策合理安排休息，保证身体和心理健康情况符合飞行要求。

⑨ 向公司提出合理化建议。

五、机上指挥权的接替

① 机组成员的姓名和他们在飞行中所担当的职位，按签发飞行任务书的排序，机长栏内第一位的是该次航班的机长，需三名（含）以上飞行员的飞行组，机长后面一位的为第二机长或者副驾驶。

② 在飞行期间，机长对飞机的运行拥有完全的控制权和管理权，这种权力没有限制。当机长由于生病、生理或其他原因丧失管理和指挥能力时，接替指挥、管理权的次序是第二机长/副驾驶→飞行机械员→飞行通信员→主任乘务长/乘务长→区域乘务长→乘务员，按飞行任务书上的次序排列。

第二节
机组安全管理

一、客舱乘务员派遣原则

① 派遣持现行有效的"航空人员体检合格证"和"中国民用航空客舱乘务员训

合格证"的人员,担任客舱乘务员。

② 由派遣部门指派一名具有资格的客舱乘务员担任主任乘务长/乘务长。

③ 派遣部门应该根据客舱乘务员值勤期限制、休息要求及航线、机型的资格,派遣客舱乘务组。

④ 主任乘务长/乘务长应根据客舱乘务员的资格,指派各区域乘务长、客舱乘务员的工作。

⑤ 客舱乘务员的派遣由客舱部主管派遣任务的经理/副经理负责批准。

⑥ 客舱乘务组的名单以"乘务飞行任务书"附件的形式,附在机组"飞行任务书"中。

二、各机型客舱乘务员最低配置

各机型客舱乘务员最低配置,如表 2-1 所示。

表 2-1 各机型客舱乘务员最低配置

机 型	主 舱	上 舱
B737-700/800/8	4 名	
B747-400P	10 名	2 名
B747-8	10 名	2 名
B777-200	8 名	
B777-300ER	10 名	
B787-9	8 名	
A319-131/115	4 名	
A320-200	4 名	
A321-200	6 名	
A330-200	8 名	
A330-300	8 名	
A350-900	8 名	

三、值勤期、休息时间和飞行时间限制

1. 值勤期、值勤时间

(1) 值勤期 指机组成员在接受公司安排的飞行任务后,从报到时刻开始,到解除任务时刻为止的连续时间段。在一个值勤期内,当发生运行延误时,如机组成员能在有睡眠条件的场所得到休息,则该休息时间可以不计入该值勤期的值勤时间。

(2) 值勤时间 从公布的航班时刻前 1 小时 30 分钟开始,至航班结束后机组到达公司安排的机组休息地或飞行基地为止,为机组的值勤时间。在发生延误后,机组在一次值勤期内,获得了在批准的休息场所的休息,其时间不计入值勤时间。

2. 客舱乘务员值勤期限制

（1）当按照运行规范规定的最低数量配备客舱乘务员时，客舱乘务员的值勤期不得超过14小时，值勤期后应当安排至少9个连续小时的休息期，这一休息期应当安排在该值勤期结束时刻与下一值勤期开始时刻之间。

（2）在按照运行规范规定的最低数量配备上增加客舱乘务员人数时，客舱乘务员的值勤期限制和休息要求应当符合如下规定：

① 增加1名客舱乘务员，值勤期不得超过16小时；增加2名客舱乘务员，值勤期不得超过18小时；增加3名或者3名以上客舱乘务员，值勤期不得超过20小时。

② 值勤期超过14小时时，在值勤期后应当安排至少12个连续小时的休息期，这一休息期应当安排在该值勤期结束时刻与下一值勤期开始时刻之间。

（3）如果按照正常情况能够在限制时间内终止值勤期，但由于运行延误，值勤期最多不能超过（1）条款规定值勤期限制的时间4小时，并且按照（2）规定的后续休息期不得因此而减少。

（4）派遣调配机组成员时，在飞行任务开始前被调配的客舱机组乘机时间，计入值勤时间；在飞行任务结束后调组乘机的时间，不计入休息时间和值勤时间。

（5）在值勤期开始前，如果给客舱机组成员安排了必须工作任务，包括必须的训练、学习、会议和在办公室的工作时间或公司安排的其他事务，该任务时间必须计入值勤时间。否则，应当为客舱机组成员安排8个小时的休息期。

（6）应当保证客舱乘务员的总飞行时间符合以下规定：

① 在任何连续7个日历日内不超过40小时。

② 任何一个日历月内不得超过120小时。

③ 任何一个日历年内不得超过1300小时。

④ 客舱乘务员在飞机上履行安全保卫职责的时间应当记入客舱乘务员的飞行时间。

（7）在值勤期结束时，必须按要求安排休息时间。

3. 客舱乘务员的休息时间

（1）不得在机组成员规定的休息期内为其安排任何工作，该机组成员也不得接受公司的任何工作。

（2）本章要求的休息期可以包含在其他休息期之内。

（3）在任何连续的7个日历日内，对被安排了一次或者一次以上值勤期的机组成员，合格证持有人应当为其安排一个至少连续36小时的休息期。

（4）为机组成员安排其他工作任务时，该任务时间可以计入、也可以不计入值勤期。当不计入值勤期时，在值勤期开始前应当为其安排至少8个小时的休息期。

（5）如果飞行的终止地点所在时区与机组成员的基地所在时区之间有6个或者6个小时以上的时差，则当机组成员回到基地以后，公司应当为之安排一个至少48个连续小时的休息期。这一休息期应当在机组成员进入下一值勤期之前安排。

（6）将机组成员运送到执行飞行任务的机场，或者将其从解除任务的机场运送回驻

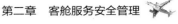

地,这些路途上所耗费的时间不应当被认为是休息期的组成部分。

四、饮用含酒精饮料和使用药物后的值勤限制

1. 酒精类饮料

① 客舱乘务员在计划飞行前的 24 小时内,不得饮用含酒精的饮料,客舱乘务员受酒精的影响或体内酒精浓度达到或超过 0.04 克/210 升以上时,不得上岗值勤或继续留在岗位上。

② 客舱乘务员在值勤过程中,不得饮用含酒精的饮料。

③ 当客舱乘务员在值勤过程中饮用含酒精饮料时,不得允许该人员继续留在岗位上。

2. 禁止使用和携带毒品、麻醉药品和精神药品

① 客舱乘务员不得使用或携带大麻、可卡因、鸦片、普斯普剂(天使粉)或苯丙胺(安非他明)等禁用药物。

② 禁止客舱乘务员使用影响执行任务能力的药物,因许多常用药物会影响飞行能力,因此客舱乘务员应该询问医生所开的药物是否会有这些作用。

③ 任何人也不得安排明知使用或携带上述禁用药物的客舱乘务员上岗值勤或继续留在岗位上。

五、飞行必备的证件与装备

1. 机上必备的客舱乘务员资料

每次飞行,飞机上至少配备一套"客舱乘务员手册",有外籍乘务员服务的飞机上,应增加配备英文版"客舱乘务员手册"。

2. 个人必备的装备及现行有效证件

① 携带广播词(客舱乘务长、广播员)。

② "中国民用航空客舱乘务员训练合格证"。

③ "航空人员体检合格证"。

④ 空勤人员登机证。

⑤ 走时准确的手表。

六、个人安全

1. 登机证件

(1)乘务员在执行航班任务时应携带空勤人员登机证,在出入需要佩戴登机证的区域时,应将登机证佩戴在明显易见的位置。

(2)严禁将空勤人员登机证借给他人使用,空勤人员登机证应妥善保管以防丢失,一旦发现登机证件丢失,必须立即向相关部门报告。

2. 机组人员的行李安全

(1) 所有机组人员的行李通常应带有一个标有机组人员全称的识别标签。行李上应有单位地址,避免留家庭地址。

(2) 机组人员的行李必须始终有人照看。

(3) 机组人员严禁接受和携带第三者托带的密封包裹、信件或行李。属于机组人员的密封包裹,应由机组人员本人亲自携带,不得委托其他机组人员。

(4) 机组人员应对自己携带的行李负安全责任,且应严格遵守如下程序

① 机组人员行李内物品必须由本人亲自整理。

② 不使用时,应将包锁好。

③ 始终保护好自己所有行李的安全。

④ 离开酒店前,确认所有属于自己的物品均在其中,并且未被他人动过。

⑤ 在公共场所,如大堂、登机厅、饭店、洗手间或候机楼,应始终看管好个人的行李。

⑥ 不得接受陌生人、同事或熟人委托代为携带的任何物品,包括信件、包裹等。

七、酒店入住安全须知

① 不要将自己的房间号告诉陌生人。

② 机组成员的房间应相对集中。

③ 如果对旅馆不满意,及时向总台了解客房的情况。

④ 互相关照,确认每位机组成员均已安全入住。

⑤ 进入房间后,锁好门窗,挂好门保险。

⑥ 对任何你不想见的人,都不要开门。如果有陌生人要求进来,向总台打电话要求证明其身份。

⑦ 了解最近的消防通道(应急出口、太平门/道)和消防设备。

⑧ 不要戴贵重饰物出门。

⑨ 不要集中放财物。

⑩ 妥善保管好贵重物品(如钱包、护照等)。

⑪ 当离开旅馆时,带好旅馆的电话号码和地址。

⑫ 离开旅馆前通知机组人员有关你的行程计划。

第三节 客舱设备安全操作

一、客舱检查

1. 设备检查

① 乘务员每次登机后,应按照安全设备检查单检查设备。

② 在任一经停站上,如有新乘务员增加时,该名乘务员必须依据检查单完成对负责区域应急设备的检查。

2. 清舱检查

① 在每一航段旅客登机前和下机后,乘务员都应确认客舱内没有与飞行无关的人员和物品。任何登机人员必须出示有效的登机证件或许可登机的证明文件。

② 乘务员应配合安全员在每一航段旅客登机前对客舱(包括厨房、厕所、行李架、储物柜和机组休息室等)进行必要的清舱检查,逐一打开所有存储空间,确认客舱各部位无不明性质的外来物。

③ 重新配餐时,客舱乘务员应确认餐车、用具箱无不明性质的外来物,如发现有不能开启的容器或餐具,应报告客舱经理/乘务长。

注意:允许带有登机证的CAAC检查人员、当地民航局检查人员自由出入。

3. 安全检查

(1) 起飞和下降前对客舱和旅客的检查

① 检查应关闭的电子设备,电源置于关断状态。

② 旅客就座并系紧安全带,携带婴儿的旅客应系好婴儿安全带或由成年人怀抱。

③ 所有无人就座的空座位,应将其座位上的安全带固定好。

④ 行李物品存放妥当,通道、应急出口处不得摆放行李物品,行李架关闭并锁定。

⑤ 小桌板及饮料杯托收直扣好,座椅靠背处于垂直位,脚垫收起。

⑥ 门帘、窗帘打开并固定;窗口遮光板收起。

⑦ 录像显示器复位,可伸展至通道的电影屏幕收藏好。

⑧ 厨房设备和物品固定,电源关闭。

⑨ 旅客座位上无饮料杯、餐具等杂物。

⑩ 厕所设备和物品固定,无人占用并锁闭。

(2) 起飞和下降前乘务员的自身检查

① 坐于指定的座位。

② 系紧安全带和肩带。

③ 回顾应急情况下的准备措施:

a. 应急设备的位置和使用方法。

b. 出口位置和使用。

c. 可以协助实施应急撤离程序的旅客。

d. 可能需要帮助撤离的旅客。

e. 复习应急程序(静默30秒复查)。

④ 保持正确安全姿势:身体坐正,靠好;双脚平放在地,适度分开;双手扶膝或双手掌心向下压于大腿下。

⑤ 滑行期间对客舱进行有效监控。

二、舱门操作要求

（1）舱门的正常开/关、滑梯的待命、解除待命，应严格按照"两人制"（一人监控一人操作）操作要求执行，监控者与操作者应保持可控距离，以防误操作时能及时制止。

（2）舱门操作为"乘务工作的重要阶段"，此阶段不应受任何其他因素的影响。

（3）在航班正常运行过程中，舱门的开启、关闭、滑梯的待命、解除待命，必须由责任乘务员完成，严禁代操作。

（4）任何舱门的正常开/关需向客舱经理/乘务长汇报，在得到许可后方可操作。

（5）客舱具备舱门监控系统的飞机，客舱经理/乘务长应在舱门的开启、关闭、滑梯的待命、解除待命前，将前乘务员面板调整到舱门页面，并与驾驶舱做好汇报与确认。

（6）舱门正常开启前，责任乘务员必须在得到机外工作人员给出可以开门的提示，且确认舱门内、外均已安全后，按"两人制"的要求开启机门。

（7）舱门关闭后，必须按照机型要求检查确认舱门已经锁闭。

（8）舱门关闭后如需重新开启舱门时：

① 客舱经理/乘务长必须请示机长。

② 所有滑梯必须解除待命，并进行确认。

③ 在重新停靠廊桥或客梯车的情况下，责任乘务员必须按照本条（6）款开启舱门；在不需要重新停靠廊桥或客梯车的情况下，责任乘务员需通过观察窗，看到地面机务给出机外已安全的提示后，确保舱门内、外均已安全后，按"两人制"要求开启舱门。

（9）如舱门需由机务人员从外部打开，客舱乘务员应给出"大拇指向上"的手势，表明所有舱门已解除待命，可以打开舱门。

三、抬放行李物品

1. 抬放行李要始终采用正确用力技巧

① 注意查看锋利的边缘、湿滑点和手柄的位置。

② 确定搬运路线上没有障碍物，并且放置点牢固安全。

③ 将物体尽可能靠近身体，稳固地抓住物体，向前方看；保持手腕抓住物体的中间位置，缓缓移动，提防移动线路上的障碍物。

2. 抬放物体

（1）从地板上抬起

① 两脚一前一后，前脚靠近要搬运的物体；屈膝并保持后背挺直，在整个搬运过程中不要弓腰；抓住物体起身双膝挺直，如果在抬起过程中转换方向，要靠脚步的移动，不要扭动身体。

② 抬高物品时身体半蹲，重心下降，双脚前后站立，身体靠近承载物；紧抓住承载物上的把手，另一只手较有力地托住承载物的底部，抬起承载物更多的是依靠强壮的腿部肌肉，为了避免弓背，身体重心转移至后脚或者向后退步；移动身体时前倾，将承载物稳定地平行入位，如图 2-1 所示。

（2）合作提升动作

① 充分了解所要搬运的物体（如重量、接触点和形状），提前达成共识。

② 搬运前提前协商好物体搬运放置的地点，如何移动及移动方向。

③ 保持协调一致，提醒自己的同事，两人要步调一致保持物体稳定地移动，一种方式是发口令"1、2、3，起"，最后"起"时开始同时启动。提醒对方不能松手直到将物体安全放置到指定位置，如图 2-2 所示。

图 2-1　放行李

图 2-2　合作放行李

（3）放落动作　身体下降过程中也采用类似提升方法，在物体所放置的位置评估各项条件；保持背部状态在双臂托住物体前，头向前并收紧下颚；当物体位置下沉时要紧紧抓住，屈膝同时身体跟着下沉；物体被放置低位后，身体的后背要始终保持挺直，靠双腿直立起身。

四、打开及关闭行李架

1. 打开行李架

（1）面向行李架并且尽可能地靠近。

（2）双脚前后站立。

（3）收下巴抬双臂

① 普通飞机。一只手打开行李架锁，另一只手扶住盖板边缘，慢慢地直至完全打开，松开前确保没有物体掉落，如图 2-3 所示。

图 2-3　打开行李架

② 天空内饰。一只手打开行李架锁，另一只手放在行李架边缘附近作为辅助支撑；打开行李箱后双手支撑箱体，慢慢地完全放下；双手离开盖板前确保没有物体掉落。

③ 注意事项。打开行李架时，当心坐在下方的乘客，慢慢开启行李架盖板注意有无物品坠落。

2．关闭行李架

（1）面向行李架并且尽可能靠近站立，如果需要可站进乘客座椅区域内。

（2）双脚前后站立。

（3）收下颚，抬双手扶住盖板边缘，如图 2-4 所示。

图 2-4　关闭行李架

① 普通飞机。双手等距放在盖板两侧，确保手腕不要弯曲过度，如果感觉不适可调整，双臂向下合盖板，当心手指被盖板压住，移开双手前确定盖板完全锁闭。

② 天空内饰。双手掌心向上放置在打开的盖板曲面盖锁两侧，伸直双肘向上推，关闭盖板，如果需要可踮起脚尖，松开双手前确保听到或感觉到盖锁已牢固关闭。

五、打开储物柜

1. 储物柜分类

① 固定式储物柜；

② 可移动式储物柜。

2. 正确使用储物柜的方法

① 储物柜要注意限重提示，切勿超载。

② 储物柜内物品要存放稳妥，较重的物品放置在底部，避免打开后掉落。

③ 储物柜的门使用后要立即锁闭并扣好，避免人离开柜门后柜门在开启状态，尤其是柜子下面有人的情况下。

④ 拉出储物柜时要托住柜子和抽屉底部，防止跌落。

⑤ 拿取较重的储物柜时，一定要寻求同事的帮忙，过高的储物柜，可利用厨房支架，但要拉住扶手以确保安全。

六、使用热水器

1. 使用方法

先打开水龙头放水至水流顺畅（如无水流出需检查水表和水关闭阀）。打开通电开关（打开热水器电源开关，当 READY 灯亮起后即可使用，此时热水器内的水温可达 85℃），这样做是因为水流正常后，导水管不会受通电加热的影响而导致管内空气膨胀发生喷气烫伤。

2. 打开热水器时的注意事项

① 确认热水器内水箱已满。

② 确认厨房电源已接通，开启热水器的开关进行加热，如顺序颠倒，易导致热水器内部电流保护跳开，这时热水器则不能正常工作，热水器面板上的电源指示灯将全部熄灭。

③ 当热水器上的 NO WATER 指示灯亮起时，需立即关闭电源，否则将造成空烧，存在失火隐患，待水流均匀持续流出后方可开启电源。

④ 如果热水器位置较高，接热水时必须要抬高水壶水杯紧挨水龙头，防止溅洒。

七、使用烧水杯

1. 烧水杯的使用方法

① 打开烧水杯的计时开关，旁边有显示灯亮。

② 一般情况下 5~10 分钟即可烧开，如果没有烧开，可继续打开计时器。

③ 如果水烧开了计时没有结束，可关闭计时器再拔下烧水杯。

2. 注意事项

① 在地面检查时需倒入 1/3 的水后再打开电源开关，绝对不能空杯测试。

② 当心热蒸汽，不要将手放置在烧水杯口上部。

③ 必须确认电源关闭才能拿出烧水杯，拿取时要小心。

④ 移开挡杆（钢丝锁）后再从插座上取下烧水杯；烧水杯内的水不要过满，避免水烧开后溢出，造成插座污染损坏或者拿取时烫伤。

⑤ 确保烧水杯插上后扣好安全支架。

⑥ 使用烧水杯时要密切关注，绝不能对烧水杯放任不管，避免因过度沸腾或烧干引起电路短路。

⑦ 不要在烧水杯底部垫衬，否则导致其吸附液体，从而引发触电危险。

八、使用烤箱

1. 烤箱检查

① 上机后查看客舱记录本（CLB），如有烤箱故障，不可使用故障中的烤箱；在使用曾经有过故障的烤箱时，一定要加大监督力度。

② 乘务员需查看烤箱架子与箅子，如有变形或装载不符的情况，需拍照反馈给客舱供应管理中心相关保障室；若箅子未按标准装载，厨房乘务员应要求航食人员按照标准重新装载，如无航食人员在场，厨房乘务员应将箅子及餐食调整至标准装载位置后再烤餐。

③ 各厨房乘务员应检查烤箱内是否有污渍，如发现问题，应及时联系清洁队人员进行清洁。将烤箱内部及烤箱门周边及加热条上的油渍清理干净后，再装餐食；若烤箱内已放满餐食，应将烤箱内目测到的油渍，如烤箱门周边、餐食箅子上及餐食相互挤压出的油渍等清理干净后，再烤餐。

④ 在航食摆餐时，如有餐食相互挤压出油脂或箅子摆放不合理情况时，乘务员应及时予以纠正。

⑤ 如发现烤箱的后壁板处有污渍要及时填写CLB反馈；如发现未配备烤架及箅子时应及时报告乘务长，由乘务长通知所属基地客舱生产保障席及时配备并在"乘务日志"中反馈。

2. 烤箱操作

① 未放单飞的乘务员不能单独操作烤箱烤餐，但发生烤箱失火时所有乘务员都有责任第一时间按照机上烤箱失火时的处置程序进行处置。

② 乘务员上机后检查烤箱是否清洁，烤餐前确认烤箱内的物品必须是可以用来加热的。为了防止起火，在加热前必须确认烤箱内无任何纸片、纸制品、服务用具以及干冰，不允许用餐巾布包着加热头等舱餐巾和头等舱餐具。

③ 不能将没有扣盖的热食放进烤炉，仅放可以加热的食物器皿，如热瓷器、锡箔纸、面包袋、铝箔盒等；不能在烤炉中加热牛奶等液体，除非有器皿包装，如粥或调味剂等。

④ 烤箱不可空烤或错烤，烤箱内无餐食最多空烤3分钟。

⑤ 通常情况将加热温度设定在 MID 档（中温），且不可用高于各类餐食烘烤的标准进行烤餐。由于季节及地域变化，当标准烤餐温度无法加热餐食，应在标准温度烤完餐检查餐食的温度后，再按照实际情况加温烤餐。

⑥ 乘务员无论是在客舱服务还是在厨房，都要关注正在工作中的烤箱以防出现任何异常。

⑦ 飞机起飞、下降及过站加油期间不得使用烤箱。

⑧ 飞机落地前，乘务组需提前清理烤箱中剩余的餐食，避免剩余餐食汤汁在落地时流出积成油污。

⑨ 过站期间，厨房乘务员应去除架子和算子，由清洁人员（或厨房乘务员）对烤箱内部，尤其是加热条部位再次清理后再装新的餐食，避免油汁堆积产生起火隐患。

3．打开和关闭蒸汽烤箱

① 为防止烫伤，从烤炉里拿取热食、算子或加热后的物品时一定要使用手套。

② 打开烤箱门前确认电源在关闭状态，所有的人都处在安全区域。

③ 加热结束后不能立刻打开烤箱门。

④ 转动开关从"锁"到"安全"位，让内部的蒸汽释放 5 秒，退后防止蒸汽灼伤，同时防止餐食滑落。

⑤ 蒸汽被释放后，带好棉织手套，转动开关至"开"位，将烤箱开启一条小缝，确保烤箱内的物品或烤炉算子不会掉出。

⑥ 如果烤炉算子卡阻，移出上面的算子，然后分别取出热食，避免强行拉拽。在取出热食后，烤炉算子必须立即放回烤炉内。

⑦ 将餐食按照种类摆放在大托盘上，再将托盘放置到餐车内以便发放。

4．烤箱加热面包

① 加热面包前要确认装面包的塑料袋是否可以加热，如不能加热应把面包拿出放在烤炉算子上进行加热。

② 处理烤箱里的加热面包袋时，小心热蒸汽。

③ 打开加热后的热面包袋时，不要用尖锐物品刺破袋子，应先开小口释放热气。

④ 面包烘烤方法：有蒸汽模式的烤箱，先湿烤 5 分钟，再干烤 3 分钟。

九、餐车摆放、进出、移动及推拉

1．打开餐车门时的注意事项

① 将锁扣挂钩抬至"开"位。

② 拉开餐车门的把手。

③ 当餐车内放有餐食时需用一只手进行保护，防止餐食滑落，造成不必要的损失。

④ 不要用脚踢关车门，始终要轻轻地关闭车门，并当心手指被车门挤伤；如果车门不能锁闭，及时检查突出物体或阻碍物。

2. 从餐车位中拉出餐车

① 面向服务车，双脚前后站立，屈膝后背挺直，退步后蹬；双手抓住服务车把手和车门用手将车轻拉出车位，踩刹车固定。

② 餐车在服务间内必须处于横向位置。

③ 如果餐车被卡在车位，可寻求其他组员帮助；如果还是无法挪动，避免强拉，踩上刹车固定。将故障记录在"客舱记录本"上，并将损坏的餐车做好标记，后续航班不能继续使用。

3. 存入餐车位

① 保持后背挺直，稍微屈膝。

② 餐车归位时将固定锁扣横向放置，轻缓地将餐车推至餐车位并将固定锁扣纵向扣好，并轻踩刹车。

③ 小心手掌和手指被手柄和厨房台面之间的缝隙挤伤。

4. 转动餐车

① 保持背部挺直。

② 移动餐车时多用腿部，身体重心随之变换。

③ 在移动或转动沉重餐车时，一定要其他组员帮忙。

5. 从车中取物品

① 保持背部挺直。

② 屈膝，身体下蹲而不是弯腰拿取物品。

③ 从餐食车拿取物品时要稳步抽出。

④ 站起身时依靠腿部。

⑤ 从蹲姿站起时还要注意周围环境和其他障碍物。

6. 餐车顶部摆放指南

① 餐车上的饮料一定要用饮料架摆放，茶壶、咖啡壶放在最易拿取的地方，把手向外并盖紧壶盖，确保摆放稳妥。

② 如果需要在车内携带备份饮料，要摆放稳妥。如果有条件最好使用饮料架盛装。

③ 餐车顶部传递热饮或水壶时要小心，热饮不要倒得过满，避免泼洒，如有可能要使用小托盘。

7. 推拉餐车时要关注周围乘客的情况

① 推车乘务员需要双手紧握餐车扶手，身体稍前倾，推餐车时注意面带微笑并用语言提示临靠过道的乘客。

② 拉餐车的乘务员（图2-5）需双手拉车，适当地提醒乘客小心。

③ 当两名乘务员一起推拉一部餐车，需要步调一致。如果有一个人需要离开，要通报给对方乘务员知晓并确认刹车踩好（图2-6），如对方正在下蹲拿取餐车底部的物品时更要留意。

图 2-5　推拉餐车

图 2-6　踩刹车

④ 客舱内推拉餐车要缓慢，要留意过道中的障碍（如毛毯、座位下面的包带等）。

⑤ 餐车不移动时始终要踩住刹车，不能让餐车在无人看管的情况下留在客舱。

十、热饮、热食发放规范

① 确认热饮是否烫手。

② 给乘客递送热饮时，必须用语言提示乘客小心烫伤，同时确认乘客已经拿稳后再松手。禁止出现无语言交接现象。

③ 在给乘客提供茶水、咖啡时，须将水壶拿至餐车水平位置的下方，避免水渍过高溅在乘客身上。

④ 在为乘客提供茶、咖啡、牛奶等热饮或开水时，以提供不超过 2/3 杯为宜。

⑤ 不得出现将餐车单独留在客舱或在乘客头顶传递物品的现象。

十一、冷冻食品的处理

处理干冰时必须戴上防护棉织手套（塑胶手套不具阻隔效果），切勿直接用手接触干冰（如果肌肤长时间直接触碰干冰，就可能会造成细胞冷冻和类似轻微或极度严重的烫伤）；如果没有棉织手套，可用报纸或者毛巾包裹后再进行处理；干冰只能放在餐车上部的抽屉内，如存放在饮料架内要存放在餐车上部才能起到餐食保鲜的作用，切记不能直接放在餐食或者水果上；可用毛巾擦去冰激凌等冷冻食品外部的干冰，擦拭时要戴上防护手套。

 思考题

1. 飞行期间，机上指挥权的接替顺序是什么？
2. 对客舱乘务员值勤期限制有哪些？
3. 飞行期间乘务员个人必备的装备及现行有效证件有哪些？
4. 乘务员飞行期间在酒店入住的安全须知有哪些？
5. 乘务员在起飞和下降前对客舱和旅客的检查包括哪些内容？
6. 起飞和下降前乘务员的自身检查内容有哪些？
7. 舱门操作有哪些要求？
8. 打开热水器时的注意事项？
9. 餐车使用的注意事项有哪些？
10. 热饮、热食发放有哪些规范？

第三章

旅客安全管理

案例

2015年7月26日0时40分,深圳航空公司ZH9648台州至广州航班发生一起机上纵火事件。机上9名机组成员临危不惧、协同配合、果断处置,成功扑灭明火、稳定客舱秩序、制服犯罪嫌疑人。0时58分,飞机安全着陆,确保了机上97名乘客生命财产安全和航空器安全。

乘客梁先生讲述了事发经过,事发时,飞机已准备降落。飞机广播提醒乘客"调直座椅靠背,收起小桌板"没多久,一名50多岁的男人从经济舱向头等舱走去,手里拿着一份报纸。不久,梁先生听到前排传来尖叫声,闻声望去,他看到头等舱冒出黑烟。有乘客拉开头等舱和经济舱之间的布帘后,火苗跳了出来,"两个乘务员手持灭火器将火扑灭。""机舱里满是汽油味和奇怪的味道。"梁先生说,点火后男子返回经济舱,手里拿着一把20厘米长的匕首,一边挥刀一边威胁乘客"给我老实点",一名乘客的手被划伤。两名男乘务员一前一后将男子堵在过道上,一边与之对峙,一边将他堵回头等舱。

随后,男子再次点燃了火。"火比第一次还大,都是黑烟。"梁先生称,但火也马上被扑灭,几分钟后飞机便落地了,机场外已有消防、公安等车辆在等候。随后,机组人员打开舱门让大家从滑梯紧急撤离。梁先生称"在这过程中那男的也跳下去了,我下机时候看到他趴在地上,好像也受伤了。旁边机组人员将其控制。"下飞机后,所有乘客均被留在机场接受机场公安调查,做了笔录。

第一节 特殊/限制性旅客管理

一、特殊/限制性旅客定义

特殊旅客既包含在旅途中需特殊礼遇和特殊照顾的不受载运限制的旅客,如:重要旅客、机要交通人员、外交信使、保密旅客等;也包含在旅途中需特殊照料并符合一定条件才能运输的受载运限制的旅客,如:婴儿、无成人陪伴儿童/有成人陪伴儿童、孕妇、残障旅客、伤病旅客、遣返旅客、被拒绝入境的旅客、押解的犯罪嫌疑人等。

二、特殊/限制性旅客四字代码

特殊/限制性旅客四字代码见表3-1所示。

表3-1 特殊/限制性旅客四字代码

四字代码	释义
BLND	视觉残疾的旅客
BSCT	婴儿摇篮服务
DEAF	听觉残疾的旅客

续表

四字代码	释 义
DNPA	肢体残疾但无需轮椅的旅客
DPNA	智力残疾或精神残疾的旅客
INAD	被拒绝入境旅客
LEGL	左腿受损的旅客
LEGR	右腿受损的旅客
INFT	婴儿旅客
MEDA	伤病旅客
MAAS	需要引导和/或协助办理手续的旅客
PETC	客舱运输服务犬旅客
STCR	担架服务
UMNR	无成人陪伴儿童
WCHC	机上轮椅服务
WCHR	地面轮椅服务
WCHS	登机轮椅服务

三、限制性旅客载运标准

限制性旅客载运标准，见表 3-2 所示。

表 3-2 限制性旅客载运标准

机　型	婴儿		无成人陪伴儿童	担架旅客	机上轮椅旅客	携带服务犬进客舱的旅客	无人陪伴盲人	无人陪伴的智力或精神残疾旅客	犯罪嫌疑人
	跨水运行	陆地运行							
B737—700/800/8	4	18	5～8岁限制承运5人。8岁以上无数量限制	1		4			3
A319/A320	4	18							
A321	5	18							
B747	8	20							
B777—200	8	16							
B777—300ER	11	16				6			
B787—9	8	16							
A330	10	16							
A350—900	10	16							

（数据来源：中国国际航空公司客舱乘务员培训手册）

注：伤病旅客如使用轮椅，按残疾人运输保障要求办理，并受残疾人载运数量限制。

四、医生诊断医疗证明书

医生诊断医疗证明书是指由县级或二类甲等及以上医院出具的，说明旅客可以在没有医疗协助的情况下安全完成其航空旅行的书面证明。

1. 孕产妇

如需提供医疗证明，开具日期应不早于最早乘机日期前 7 天（不含起飞当日）。

2. 担架旅客

需要提供医疗证明；购票时须提供开具日期不早于最早乘机日期前 10 天（不含起飞当日）；登机时，旅客还应出具航班起飞前 24 小时之内开具的允许登机的医疗证明。

3. 伤病旅客

需要提供医疗证明，开具日期不早于最早乘机日期前 10 天（不含起飞当日）。

4. 申请机上轮椅的旅客

如为伤病旅客，需要提供医疗证明，开具日期不早于最早乘机日期前 10 天（不含起飞当日）。

5. 申请登机轮椅的旅客

如为伤病旅客，需要提供医疗证明，开具日期不早于最早乘机日期前 10 天（不含起飞当日）。

6. 申请地面轮椅的旅客

如为伤病旅客，需要提供医疗证明，开具日期不早于最早乘机日期前 10 天（不含起飞当日）。

五、婴儿（INF）

（1）年龄不满 2 周岁、乘坐飞机时有成年人（年满 18 周岁且有民事行为能力的人）陪伴同行的婴儿，不单独占座位，如需单独占座，应该购买儿童票。

（2）婴儿必须由成人旅客怀抱或坐在成人旅客的腿上，并系紧婴儿安全带，以防止飞行中或紧急状态下遭遇最大载荷时产生的移动。

（3）每名成人旅客可以携带两名婴儿，其中 1 名婴儿须由成人怀抱，另一名婴儿须放置在经航空管理部门认可的限制装置内，并排而坐，但必须确保：

① 儿童限制装置能够恰当地固定在座椅上。

② 儿童能被恰当地系紧在限制装置内，并且其体重不超过该装置所规定的重量限制。

（4）接受婴儿乘机要考虑飞机配置的婴儿安全带的数量，跨水运行还应考虑飞机配置的婴儿救生衣数量，以及飞机座椅组数对应的备用紧急氧气面罩数，同一航班上婴儿数量最大不得超过以上数量的最小值。

（5）出生不足 14 天的婴儿和出生不足 90 天的早产儿公司不予承运。

（6）每名成人旅客乘机应携带不超过：两名婴儿，或一名婴儿和两名五岁以下儿童，或三名五岁以下儿童。

（7）不占座婴儿在旅客名单上，其姓名与携带他（她）的成人旅客姓名写在一起。

六、无成人陪伴儿童（UM）

无成人陪伴儿童是指年龄满 5 周岁（含 5 周岁）但不满 12 周岁，乘坐飞机时无成人（年满 18 周岁且有民事行为能力的人）陪伴同行的儿童。公司不承运 5 周岁以下的儿童单独乘机。

① 年龄在 5 周岁（含）至 12 周岁的儿童乘坐飞机时，如无成人（年满 18 周岁且有民事行为能力的人）陪伴同行，必须申请无成人陪伴服务。

② 年龄在 12 周岁至 18 周岁的少年旅客单独乘机，可自愿申请无成人陪伴儿童服务。

③ 公司只在直达航班上承运无成人陪伴儿童，联程航班不承运。

七、有成人陪伴儿童

有成人陪伴儿童是指年龄已满 2 周岁未满 12 周岁、乘坐飞机时有成年人（年满 18 周岁且有民事行为能力的人）陪伴同行的儿童。

① 14 天至 5 岁以下的未成年人乘机必须有成人陪伴。

② 有成人陪伴儿童不能坐在应急出口座位。

③ 16 周岁以下的聋哑/双目失明儿童少年必须有同行陪同人，不承运其单独乘机。

八、孕/产妇

孕/产妇是指怀孕或在产褥期中的妇女。

1. 以下情况拒绝承运

① 怀孕 35 周（含）以上者。

② 预产日期在 4 周（含）以内者。

③ 预产期临近但无法确定准确日期，但已知为多胎分娩或有预兆为分娩并发症者。

④ 产后不足 7 天者。

2. 以下情况限制运输

怀孕满 32 周但不足 35 周的孕妇乘机，应开具有医生签署适宜乘机的医疗证明并签署免责同意书，且该证明应在乘机前 7 天内签发有效。

九、残疾人旅客

残疾人旅客是指当一名旅客由于其身体条件和精神条件需要航空公司在登机、下飞机、飞行中、紧急撤离以及在机场的地面活动中给予在正常服务中不会涉及其他旅客的特殊照顾时，其为残疾旅客。残疾人的残障类别和残障程度，见表 3-3 所示。

表 3-3　残疾人的残障类别和残障程度

类别和程度	具 体 说 明
听力残疾	听不到或听不清周围环境声及言语声，并携带助听犬进客舱
视力残疾	盲及低视力
肢体残疾（2级）	基本不能独立实现日常生活活动
肢体残疾（1级）	不能独立实现日常生活活动
智力残疾	智力显著低于一般人水平，并伴有适应行为的障碍
精神残疾	各类精神障碍，存在认知、情感和行为障碍
其他残疾	携带辅助犬进客舱

1. 受载运数量限制的残疾人旅客

① 残疾人旅客应在各航空公司指定售票渠道办理定座和购票手续，提出特殊服务申请，对于"机上使用氧气""托运电动轮椅""机上专用窄体轮椅""残疾人团队服务"等服务需在不晚于离站时间前 48 小时申请，公司应在 24 小时内答复是否满足条件予以承运，并在必要时做出安排后方可运输；携带服务犬进入客舱需在不晚于离站时间前 48 小时申请。

② 对听力、言语残疾旅客，必要时乘务员要对其进行单独的客舱安全介绍，保证其在紧急情况下能自行使用救生设备，包括：氧气面罩、水上救生衣、应急撤离灯，及机上撤离路径等。

③ 对于双上肢肢体残疾、视力残疾的旅客，由其陪同人员或安排志愿者在紧急情况下协助其使用氧气面罩、水上救生衣等救生设备，并能够为其解开安全带，从机上撤离。

④ 对于双下肢肢体残疾且无法自行行走的残疾人和视力残疾旅客，由其陪同人或安排志愿者、机组成员在紧急情况下协助其从机上撤离。

⑤ 对于精神残疾和智力残疾旅客，其行为不对其他旅客旅行和客舱安全管理工作产生影响，否则可以拒绝运输。有陪同人员的精神残疾和智力残疾旅客，陪同人必须保证对该残疾人能够进行有效管束，并在紧急情况下协助其从机上撤离；无陪同人员的精神残疾和智力残疾旅客，在紧急情况下由志愿者、机组成员协助其从机上撤离。

⑥ 16 周岁以下的聋哑/双目失明儿童少年必须有同行陪同人，不承运其单独乘机。

⑦ 多重残疾人旅客以其独立实现日常生活能力或肢体残疾等级来确定，并参照以上①至⑥规定执行的。

⑧ 残疾人团体的组团单位保证团体中每名需要他人帮助的残疾人，都有另一名有能力的团组人员在紧急情况下负责该残疾人使用救生设备（氧气面罩、水上救生衣等）并从机上撤离；接收"不受载运数量限制的残疾人旅客"时，公司可根据旅客预先提出的特殊服务要求，为上述旅客提供地面轮椅或登机轮椅服务，并分别以服务代码

"WCHR"（地面轮椅）或"WCHS"（登机轮椅）进行标识。

2. 残疾人旅客团体的预先安排

残疾人团体或残疾人代表团组团单位可根据公司公布的旅客运输总条件，在规定的时间内事先向公司申请，并由商委协调公司各业务系统事先安排相关服务设施和额外人力来保障残疾人团体运输。在能够保证航班所有旅客（包括残疾人）的救生设施和应急撤离满足航空管理部门安全规定的前提下，公司可以超过手册中的特殊旅客载运数量限制对此类旅客进行承运。

3. 座位安排

① 残疾人旅客不得安排紧急出口座位和 B747 上客舱。
② 一般安排在靠近乘务员执勤位置，靠近盥洗室。
③ 身体一侧行动不便的旅客，应安排在通道边的座位，身体可活动的一侧应靠近通道。
④ 陪伴人员的座位应安排在残疾人旅客旁。

4. 服务犬

服务犬是指经过专门训练为残疾人生活和工作提供协助的特种犬，包括：能够为盲人导盲、为聋人助听的特种犬及辅助犬。

残疾人携带服务犬乘机按下列规定办理：

① 残疾人携带服务犬同行乘机时，应在订座时提出，国际旅行时还要符合出境和入境国家的检疫规定。
② 如残疾人旅客同意托运服务犬，可按小动物运输程序将服务犬连同其容器作为托运行李免费运输，重量不计入旅客免费行李额内。
③ 如残疾人旅客要求将服务犬带进客舱，办理乘机登记时须提供有效的服务犬证明及检疫证明，在上飞机前应为服务犬穿戴工作衫和牵引索，残疾人旅客要保证服务犬不影响其他旅客。
④ 服务犬安排在腿部伸展空间较大的靠窗座位，但不能是紧急出口座位或 B747 上客舱，相邻座位尽量不安排非同行旅客；带入客舱的服务犬应穿工作衫并系牵引索。
⑤ 登离机要求：携带服务犬的旅客及服务犬须同机旅行；提前登机、最后下机。

十、伤病及担架旅客

伤病旅客：是指受伤或患病的旅客。

担架旅客：是指在飞行中需要使用担架的伤病旅客，担架设备由航空公司提供，且经过批准。

1. 拒绝运输

① 已知患有检疫传染病或疑似检疫传染病病人。
② 患有精神病，易于发狂，可能对其他旅客或自身造成危害者。

③ 面部严重损伤，有特殊恶臭或有特殊怪癖，可能引起其他旅客不适者。

④ 因受伤及医疗处置后，旅客不能使用飞机的标准座椅坐立或起飞、降落时座椅靠背不能保持直立姿势并且找不到满意的替代办法等不能遵守安全规定的情况。

⑤ 因伤病、体弱或精神状况无法自理者，旅行中若无专人陪同，或陪同人无能力独立承担照料或管束的。

2. 接收与运输条件

① 必须事先在乘机地点售票处办理订座和购票手续，提出特殊服务申请，经航空公司同意并在必要时做出安排后方可运输。

② 旅客在飞行中需要供氧服务时应提前申请，航空公司提供经过批准使用的氧气设备。

③ 旅客在飞行中需要担架时应提前申请，航空公司提供经过批准使用的担架设备。

④ 伤病旅客如使用轮椅，按残疾人运输保障要求办理，并受残疾人载运数量限制。

⑤ 联程运输时，应同时符合所有承运航空公司的运行要求，并且伤病旅客在航班衔接地的地面停留时间不应少于150分钟。

3. 座位安排

① 担架必须牢固地固定在飞机上以防止遭遇飞行中可能遇到由于加速时产生的移动。

② 如果需要，应使用批准的束带将病人固定在担架上或飞机机体结构上。应安排在经济舱后排，占用6个座位。

③ 在发生紧急撤离时，担架旅客不能优先于其他旅客。

④ 伤病旅客一般可安排在靠近乘务员或靠近舱门（但非紧急出口和上客舱）的位置。

⑤ 行动不便的旅客应尽可能安排在靠近盥洗室或靠近舱门的走道座位，但不得占用紧急出口座位。身体一侧行动不便的旅客（例如偏瘫、假肢、臂或腿打着石膏或夹板、支撑等），应安排在通道边的座位，身体可活动的一侧应靠近通道。

⑥ 陪伴人员的座位应安排在伤病旅客的座位旁。

⑦ 如机上有空余座位，可根据情况在伤病旅客座位旁留出一个空座位。

⑧ 担架旅客办理乘机登记手续时，只发给一张登机牌。

⑨ 每个航班只能载运一名担架旅客。

十一、遣返旅客

遣返旅客包括：偷渡旅客；非法滞留人员；在国外或中国居住、旅行、公务期间因为触犯所在国家的法律，被执法当局强行遣返回国或原居住地的人员；因为涉嫌在国内违法犯罪，为逃避法律处罚而迁居国外的人员。

① 遣返旅客登机前,要与当地警方或公司驻外办事处办理交接手续,了解被遣返人员的情况,被遣返的原因、性质,遣返人员所携带的物品。

② 根据当地政府发来的通知确认所要遣返的旅客。

③ 遣返旅客的座位应安排在经济舱的最后一排,要加强必要的防范措施,随时注意他们在飞机上的情绪和举动,在整个航程中,不得为遣返旅客提供含酒精的饮料,发现问题及时处理。

④ 由空警/安全员或主任乘务长/乘务长妥善保管被遣返人员的证件、材料,不得在飞机上交与被遣返人员,待飞机落地后,与移民局或边防局办理交接手续。

⑤ 飞机上有被遣返人员的航班,在移民局或边防局人员到达之前,机上旅客不应下机。

⑥ 飞机上有警卫对象或要客乘机,应弄清楚被遣返人员的情况,具有危险性的可以拒绝接受被遣返人员乘机。

⑦ 不得与VVIP(极重要的人)同机。

十二、押送犯罪嫌疑人

押送犯罪嫌疑人是指公安、法律部门通过航空运输押解犯罪嫌疑人、罪犯,以及被公安部门管束的人到某地。

1. 公司相关部门接到承运押解任务

应及时通知地面服务、运控、飞行、乘务、空保等单位。地服和航班责任机长应对其进行评估,评估内容应同时满足以下条件:

(1) 同机押解的犯罪嫌疑人总数不超过3名,至少3名执法人员控制1名被押解人员。押解女性犯罪嫌疑人应至少有一名女性民警。

(2) 押解警力(正式在职民警)至少应当3倍于犯罪嫌疑人,在押解过程中应当保持对犯罪嫌疑人的全程控制,不允许犯罪嫌疑人单独行动。

(3) 押送犯罪嫌疑人不得与重要旅客同机,不得乘坐头等舱。重要旅客是指:

① 省、部级(含副职)以上的负责人。

② 军队在职(正军职)少将以上的负责人。

③ 公使、大使级外交使节。

④ 中央各部、委以上单位或者我驻外使、领馆提出要求按照重要旅客接待的客人。

(4) 押解人员不得携带武器,可以使用手铐等必要的械具约束犯罪嫌疑人,但械具不宜外露。

(5) 地面服务部门应安排押解人员先于其他旅客登机,实行早登机、晚下机,避免对同机旅客造成不便。

(6) 押解人员必须确保犯罪嫌疑人没有携带武器、致人身伤亡药品、火具或其他危险物品;并确保犯罪嫌疑人始终处于控制之下。

(7) 押解人员能够遵守民用航空安全管理规定,押解对象能够配合押解人员。

(8) 公司采取的安全防范措施足以防范干扰航班秩序,不影响航班安全。

2. 航班机组人员协助押解要求

① 公司保卫部门接到协助押解任务信息时，可以视实际情况加派空中保卫人员或采取其他安保措施。

② 乘务长接收确认"协助押解犯罪嫌疑人乘坐民航班机通知书"并报告机长。

③ 乘务组必须确认押送犯罪嫌疑人和押送人员的座位分布位置。

④ 押解人员的座位应该安排在犯罪嫌疑人的两边，被押解的犯罪嫌疑人应安排在经济舱的后面或最后一排的中间座位中间位置，不应靠窗口或紧急出口和过道，并尽可能远离一般旅客。

⑤ 乘务长了解押解人员的登机时间和座位号并报告机长，如座位安排不符合要求，应要求地面服务部门给予调换。

⑥ 机组人员不得向押送人员和犯罪嫌疑人提供含有酒精的饮料和金属餐具，只有经押送人员同意后，才能向犯罪嫌疑人提供食品和饮料。

⑦ 任何情况下，都不得将犯罪嫌疑人铐在座位或其他固定物体及客舱设备上。

⑧ 安全员应加强监控，一旦有意外情况应及时处置并向机长报告。

⑨ 机长如认为运输该犯罪嫌疑人不能确保安全时，可以拒绝承运。

⑩ 机组应安排被押解人员在其他旅客下机后下机。

十三、被拒绝入境的旅客

被拒绝入境的旅客（INAD）是指在入境/过境地点被当地移民局拒绝入境/过境或被续程承运人拒绝运输，而被要求其乘坐原机退运到出发地的旅客。特殊服务要求如下：

① 根据当地移民局或续程承运人的通知来确认所要退运的旅客。

② 旅客如被拒绝入境，对于已经将旅客运至该拒绝入境地点的票款，航空公司不予退还。

③ 如该旅客持有回程或续程客票，可收取作为遣返航段的运输凭证或抵付遣返航段所需票款；否则，旅客应另行购买遣返航段的客票；如旅客无力支付所需票款，则由该航空公司为其垫付遣返航段的客票。

④ 旅客因未能遵守有关国家的法律、法规、命令、要求或者其他旅行规定，或未能出示所要求的证件，而造成航空公司被要求向有关政府部门支付罚款或罚金，或者承担其他相关费用，旅客应偿还航空公司所支付的任何款项或承担的任何费用。航空公司可以从旅客未使用航段的票款或者所掌管的旅客的款项中扣除以上费用。

⑤ 应尽量将旅客原机退运。如不能原机退运，则应与航空公司有结算关系的承运人联系办理退运。

⑥ 旅客在地面的膳宿和交通费用应由旅客自行承担，直至其搭乘上退运的航班。

⑦ 载有退运旅客的航班离站后，应及时向到达站发送退运旅客电报。

⑧ 航站将被拒绝入境旅客的证件交予乘务长保管，并按一般旅客提供机上服务。到达目的地后，乘务长将旅客和证件移交边防检查和地面服务人员。

十四、被拒绝进行空中旅行的旅客

（1）如果某位旅客处于或属于下列状态或情况，将被拒绝登机
① 被怀疑处在酒精和药物的作用影响下。
② 行为不端。
③ 拒不服从授权的公司职员的指挥。
④ 有精神不正常的表现。
⑤ 已知或被怀疑持有非法武器。
⑥ 有可能骚扰其他旅客或机组成员，或对飞行安全有潜在威胁。
（2）如果上述情况发生在过站期间，且该旅客无法保持平静，该名旅客将被拒绝再次登机。
（3）对于所有被归入上面类别的人员，地面服务人员有权且有责任阻止和拒绝他们登机。
（4）如果被归入上面类别的旅客已经登机，客舱乘务长应将情况通报给机长，机长应与客舱乘务长、地面服务人员或相关部门协商处理意见。

十五、无签证过境

无签证过境（TWOV）的旅客不是罪犯，而是指经不需要签证的国家或地区中转前往第三国或地区的旅客。

1. 特点
① 可以无人陪伴旅行。
② 除非要换飞机，可以在所路过城市不下飞机。

2. 交接责任
① 离港时，由航空公司负责接收和转运无签证过境人员。
② 空警/安全员或主任乘务长/乘务长保管无签证人员的相关材料。
③ 落地后空警、安全员、主任乘务长/乘务长应将他们的材料袋交给移民局工作人员。

第二节　乘客非法干扰处置

一、机上扰乱行为

机上扰乱行为是指在航空器上不遵守行为规范，或不听从机组人员指示，扰乱客舱秩序的行为。主要包括：

① 强占座位、行李架的。
② 打架斗殴、寻衅滋事的。
③ 违规使用手机或其他禁止使用的电子设备的。
④ 盗窃、故意损坏或者擅自移动救生物品等航空设施设备或强行打开应急舱门的。
⑤ 吸烟（含电子香烟）、使用火种的。
⑥ 猥亵客舱内人员或性骚扰的。
⑦ 传播淫秽物品及其他非法印制物的。
⑧ 妨碍机组成员履行职责的。
⑨ 扰乱航空器上秩序的其他行为。

1. 机上扰乱行为的处置原则

① 机上出现扰乱行为时，机组人员要早发现、早报告、早处置。应当迅速判断扰乱行为的性质、危害和后果，并适时介入，妥善处置，维护客舱安全秩序。

② 在机长领导下，视扰乱行为严重程度，处置顺序为：先由乘务人员进行解释、劝说；不听劝阻者，在机长的授权下，由航空安全员或其他旅客对行为人进行强制管束，直至移交公安机关。

③ 扰乱行为升级为非法干扰行为的，应按照非法干扰行为处置程序依法果断处置。机上各岗位密切配合，按照职责开展工作。

2. 典型机上扰乱行为的处置方法

（1）对违反禁止吸烟规定旅客的处置

① 如果怀疑某位旅客在客舱中违法吸烟，乘务组应立即执行下面程序：如果怀疑某位旅客在卫生间吸烟，大声地敲门并要求里面的人开门以便同他们对话。一旦把门打开，应解释有理由怀疑他们吸烟，并要求他们在乘务员寻找吸烟的证据时不要离开。如果不能找到吸烟的证据，向旅客道歉并解释在此种情况下乘务员的行为的重要性和必要性。将行动通知乘务长。

② 在由其他人员作证的情况下，给旅客明确的指示：
a. 在飞机上的任何地方都不应吸烟。
b. 在运行环境中，他们应服从机组成员的指示并与机组成员合作。
c. 根据中华人民共和国的法律，在机上吸烟属违法行为。
d. 立即向机长和乘务长汇报发生的情况。

③ 如果旅客的行为已导致飞机上的警报器工作，或引起了火灾，应完成下列所有的程序，并填写相应的报告文件，包括：旅客违法吸烟报告；乘务组的陈述。

④ 乘务长应尽快将发生的情况报告机长或其他飞行机组成员。

⑤ 如果在飞行期间同一名旅客被发现或怀疑再次吸烟，立即通知乘务长和其同伴，乘务长将直接通知该旅客，如果他（她）继续吸烟，他将在下一个着陆机场被带下飞机，机票作废。如果该旅客继续换乘本公司的其他航班，在获得该航班的有关细节后，通知该旅客他（她）的行为已被告知了下一航班的运行机组。若该旅客是随团队旅行，

通知该团队的领导。如果该旅客不懂中文,用英文通知其有关内容。

⑥ 如果旅客继续旅行而更换乘务组的情况下,报告的副本(复印件)应交给继续飞行的当班乘务长。

⑦ 如果出现着陆后需部分机组成员滞留机场或前往警察局、派出所,乘务长应将此情况立即报告给外场的值班经理,请求协助。

⑧ 机组成员无权从旅客身上拿走其证件和机票,但可以要求旅客出示。按照有关法律,旅客无义务向机组呈交自己的证件。

(2) 机上违规使用便携式电子设备的处置

① 关闭舱门后乘务员向乘客广播禁止使用电子设备,检查乘客便携式电子设备处于关闭状态,客舱乘务员发现乘客违规使用电子设备时,要及时制止。

② 当机长发现存在电子设备干扰并怀疑该干扰来自客舱时,客舱乘务员应立即对客舱进行广播,要求乘客关闭便携式电子设备,查找电子干扰信号的来源,及时制止。

③ 如果乘客不听劝告,应向违规乘客宣读法律法规的有关规定,按照机上扰乱行为的处置原则进行处置。

(3) 机上发生失窃事件的处置

① 如果在机上发生失窃事件,客舱乘务员要及时报告主任乘务长/乘务长,主任乘务长/乘务长报告机长,将如下信息通知给即将抵达的航站:

a. 丢失物品及其价值。

b. 丢失物品的具体位置。

c. 旅客是否要求报案。

② 如果旅客要求报案,客舱乘务员要对他讲明:

a. 如警方介入,会产生一些不方便,旅客不能按时下飞机。

b. 如果失物很难确定物主,如现金,找回的希望很小。

③ 落地前,由主任乘务长/乘务长广播:"由于一位旅客提出要求,已向警方报案,请旅客在飞机落地后坐在原位。"乘务组要尽力让旅客知道不是机组成员所采取的行动。

(4) 醉酒或药物中毒旅客的处置

① 不允许处于醉酒状态的人进入飞机

a. 如旅客登机时显示醉态或在麻醉品作用影响下,干扰了机组工作,危及旅客、机组人员的安全,应通知机长和地面值班人员。地面值班人员或机长应当协作并把握事态,采用任何认为是必要的措施,包括劝其下机。

b. 如发生在推出飞机之后,通知机长,并由机长来决定是否滑回,劝其离机。

② 在飞行过程中

a. 客舱乘务员不向下列乘坐飞机的人员供应任何含酒精饮料:已经表现为醉酒状态的人;打架、寻衅滋事者。盗窃、故意损坏或者擅自移动救生物品和设备的人。

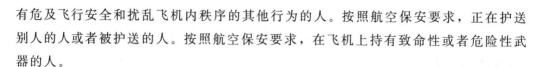

有危及飞行安全和扰乱飞机内秩序的其他行为的人。按照航空保安要求，正在护送别人的人或者被护送的人。按照航空保安要求，在飞机上持有致命性或者危险性武器的人。

b. 发现显示醉态或有麻醉状态的旅客，应立即通知机长。主任乘务长要在机长的指示下采取措施。记录事件全过程，采集证据并将信息报告机长。

③ 飞机到达目的地后。客舱乘务员应向公安人员或其他官员讲明该旅客的情况，提供相关证据材料。由合格的医务人员判断旅客是否是处于醉酒、药物中毒或精神不正常状态。

（5）机上发现偷渡者的处置

如果一个人隐藏在任何分隔舱内，如厕所、衣帽间、行李箱内均可被认为是偷渡者。

① 立即报告机长。

② 飞行前，终止该旅客的旅行。

二、机上非法干扰行为

非法干扰行为是指危害民用航空安全的行为或未遂行为，主要包括：

① 非法劫持航空器。

② 毁坏使用中的航空器。

③ 在航空器上或机场扣留人质。

④ 强行闯入航空器、机场或航空设施场所。

⑤ 为犯罪目的而将武器或危险装置、材料带入航空器或机场。

⑥ 利用使用中的航空器造成死亡、严重人身伤害，或对财产或环境的严重破坏。

⑦ 散播危害飞行中或地面上的航空器、机场或民航设施场所内的旅客、机组、地面人员或大众安全的虚假信息。

1. 非法干扰行为的处置原则

（1）机组人员根据非法干扰行为人数量、所持工具类别及破坏威力、行为人攻击性等因素，迅速识别非法干扰行为性质和类别。

（2）机组人员应将事态发展及形势评估情况，及时报告机长。主要包括：

① 行为人特征。包括人数、姓名、性别、籍贯、年龄、身体特征、座位号，所属或声称所属的犯罪组织名称以及有无航空知识等。

② 行为人动机和目的。

③ 行为人手段。包括威胁实施方式、行为人携带或声称携带的凶器、危险品种类、特点，爆炸物的性质、威力、起爆装置以及对所持物品的真伪判断等。

（3）机组人员在机长领导和授权下，共同制订处置方案　方案内容包括：处置措施、人员分工、行动时机、行动位置、可利用的资源（包括机组资源、客舱资源、旅客资源）、行动信号、手势、暗语，处置后的控制等。

（4）处置非法干扰案（事）件时，应特别加强对处置现场的控制，重点开展以下工作：

① 控制客舱秩序。要求旅客配合，听从指令（包括不离开座位，不开启行李架，不使用洗手间，紧急情况下双手放在前方椅背上等），防止发生其他不安全事件。

② 全程监控非法干扰行为人。必要时调整旅客座位，为控制行为人划出限制区域，禁止无关人员接近。

③ 妥善处置危险物品。视情况将危险物品转移至指定位置，并划出限制区域，防止无关人员接近。

（5）发生冲击驾驶舱行为时，应及时报告机长，听从机长指示并做好处置工作。

（6）机上非法干扰行为的处置措施主要包括谈判、武力解决等。

2. 典型非法干扰行为的处置方法

（1）遇威胁炸机时的处置　如果有人在航空器上作出类似爆炸威胁的陈述（包括手写或打印纸条），则按本书中关于"爆炸物处理"的程序进行处置。

（2）遇劫机时的处置

① 最先接到飞机遇劫信息的客舱乘务员，应立即报告机长、主任乘务长/乘务长、其他客舱乘务员和空中警察、安全员。

a. 报告方式：通过机上内话系统、按应急呼叫键（如 P 键、Alert 键等）、使用预案约定的暗号。

b. 报告的内容：劫机者的座位号、姓名、性别、年龄、特征、职业、身体状况；劫机者所持凶器、危险品种类、爆炸物的类别、起爆装置。

② 在劫机者的情绪稳定后，应主动设法接近劫机者，与其谈判或交谈，尽量说服感化或答应其提出的条件，并从中进一步了解上述报告内容，摸清劫机者有无同伙，座位号以及劫机者的目的、要求。

③ 加强对客舱的巡视，注意发现其他乘客的可疑迹象或劫机者的同伙。

④ 继续做好对乘客的服务，包括餐食的供应，中断酒类或含酒精饮料的供应，但不能使用餐车和饮料车。

⑤ 一般情况下不要通知机上乘客，以免引起机上乘客的恐慌或混乱。

⑥ 保护好驾驶舱不被劫机者闯入或侵害。

⑦ 听从机长指挥，配合空中警察或安全员，在保证人机安全的条件下，实施反劫机。

三、机上乘客非法干扰后续处置

（1）机上干扰行为的上报　主任乘务长/乘务长应及时填写"机上紧急事件报告单"，并上报客舱安全管理部门。

（2）配合航空安全员进行证据材料的收集与保护　在保证安全的前提下，经机长授权，客舱乘务员应配合航空安全员及时开展收集、保护证据材料的工作。

（3）配合安全员进行机上案（事）件移交　机上扰乱行为事件处置结束后，在机长的统一指挥下，客舱乘务员配合航空安全员做好移交工作。

第三节
其他旅客管理问题

一、调换座位

在航班中，经乘务员同意后，旅客可以调换座位，但不允许不符合应急出口限制条件的旅客坐到应急出口座位。

二、应急出口座位的乘客安排

1. 在应急出口座位就座的旅客应当具备的能力是指完成下列职责的能力

① 确定应急出口的位置。

② 认出应急出口开启结构，并能够操作打开应急出口。

③ 理解操作应急出口的指示。

④ 评估打开应急出口是否会增加由于暴露旅客而带来的伤害。

⑤ 能够遵循机组成员给予的口头指令或手势。

⑥ 如发生紧急撤离，能够取下应急出口门并妥善放置，不妨碍机上人员的撤离行动。

⑦ 评估滑梯的状况，操作滑梯，并在其展开后稳定住滑梯，协助他人从滑梯离开。

⑧ 迅速地经应急出口通过。

⑨ 评估、选择和沿着安全路线从应急出口离开。

2. 具有下列情况的旅客不宜坐在应急出口座位

（1）该人的两臂、双手和双腿缺乏足够的运动功能、体力或灵活性导致下列能力缺陷：

① 向上、向旁边和向下达不到应急出口位置和应急滑梯操纵机器。

② 不能握住并推、拉、转动或不能操作应急出口操纵机器。

③ 不能推、撞、拉应急出口舱门操纵机器或不能打开应急出口。

④ 不能把与机翼上方出口窗门的尺寸和重量相似的东西提起、握住、放在旁边的座椅上，或把它越过椅背搬到下一排去。

⑤ 不能搬动在尺寸与重量上与机翼上方出口门相似的障碍物。

⑥ 不能迅速地到达应急出口。

⑦ 当移动障碍物时不能保持平衡。
⑧ 不能迅速走出出口。
⑨ 在滑梯展开后不能稳定该滑梯。
⑩ 不能帮助他人用滑梯离开。

（2）该人不足15岁，或者如没有陪伴的成年人、父母、或其他亲属的协助，不具备出口座位乘客的要求。

（3）该人缺乏阅读和理解要求的、航空公司用文字或图表形式提供的有关应急撤离指示的能力，或者缺乏理解机组口头命令的能力。

（4）该人在没有隐形眼镜或普通眼镜以外的视觉器材帮助时，缺乏足够的视觉能力导致缺乏（1）中列出的一项和多项能力。

（5）该人在没有助听器以外的帮助时，缺乏足够的听觉能力听取和理解乘务员的大声指示。

（6）该人缺乏足够的能力将信息口头传达给其他旅客。

（7）该人具有可能妨碍其履行出口座位乘客的功能的情况或职责，例如要照料幼小的孩子，或者履行出口座位乘客功能可能会使其本人受到伤害。

3．可以要求调换座位的情况

是指在应急出口座位的旅客，按应急出口座位旅客须知卡或者按机组成员向旅客进行的简介进行自我对照，有下列情形之一时可以向机组成员提出调换座位的情况：

① 属于不宜在出口座位就座的情况的。
② 不能确定自己是否具备应当具备的能力的。
③ 为了履行出口座位处的功能有可能伤害其身体的。
④ 不能履行出口座位处可能要求其履行的职责的。
⑤ 由于语言、理解等原因，不能理解旅客安全须知卡内容和机组成员讲解的内容。

4．应急出口座位的安排和调整

① 在航空公司实施旅客运营的机场的旅客登机门或售票柜台处，应将所制定的有关出口座位旅客安排的规定提供给公众，使旅客了解靠出口座位的要求，供公众监督检查。

② 被安排在出口座位的旅客在办理乘机手续时，值机人员应向其说明出口座位的相关规定和注意事项；当团体旅客集体办理登记手续时，值机人员应避免办理手续的人员随意发放出口座位登机牌。

③ 乘坐飞机的适合于坐在应急出口座位的公司员工和加入机组人员应尽可能安排其在相同舱级的应急出口位置。

④ 旅客登机时，乘务员应观察了解应急出口座位乘客的情况，对不适宜坐在应急出口座位的乘客进行必要的调整，并使用介绍说明安全知识等方法劝说乘客服从调整。

⑤ 在滑行或推出飞机之前，乘务员应核实具备能力的乘客坐在应急出口座位处，

并向该处乘客说明应急出口的打开方法和打开时机；提示在应急出口座位的旅客阅读旅客安全须知卡并进行自我对照，包括卡中包含的就座于出口座位的旅客应当具备的能力、不宜在应急出口座位就座的情况、可以要求调换座位的情况以及服从机组成员安排和调整座位的义务，并且提示：非紧急情况下禁止扳动紧急出口位置的操作手柄。

⑥ 如果机组成员确定，被安排在应急出口座位上的旅客很可能没有能力履行出口座位的职责，或者旅客自己要求不坐在应急出口座位，机组人员应当立即将该旅客重新安排在非应急出口座位位置；在非应急出口座位已满员的情况下，如果需要将一位旅客从应急出口座位调出，机组人员应当将一位愿意并能够完成应急撤离功能的旅客调到应急出口座位上；在应急出口座位就座的旅客要求更换座位时，机组成员不得要求其讲出理由。

⑦ 货舱内的所有座位应被视为紧急出口座位。

三、洗手间的使用

在飞行中扣好门帘，以避免经济舱旅客进入头等舱/公务舱；提醒旅客经济舱洗手间的位置；不要拒绝旅客使用头等舱/公务舱洗手间。

注意：餐车有时会挡住过道，旅客有时也会存在健康上的原因。因此，在处理老、弱、病、残、幼、孕旅客希望使用头等舱/公务舱洗手间时，乘务员要根据实际情况灵活处理。

四、乘客要求冷藏的物品

在飞行中，如果有旅客提出要将其所带的物品冷藏，可使用冰块为其冷藏，同时提醒旅客如要求冷藏的物品有损坏，应自行负责。

禁止将旅客的物品直接放在厨房的冷藏箱、冰桶内或冷风餐车内。

五、旅客要求进入驾驶舱

① 在地面时，除非有航空公司的有关人员陪同，否则不允许任何人进入驾驶舱。

② 在航班中，中国民航法规将进入驾驶舱的人员严格限制为有特定任务的机组成员和其他经授权的人士（如局方航空安全监察员、经权的公司员工等）；要求进入驾驶舱的人士必须向机长出示有关证件，并征得机长的同意。

③ 携带证件的 CAAC 监察员和局方委任代表应该被允许自由地、不受阻碍地进入驾驶舱。

④ 由于安全的原因，任何机组成员都必须有礼貌地拒绝希望进入驾驶舱参观的旅客。

六、食物中毒的旅客

当旅客出现食物中毒或怀疑中毒时，机组人员应遵照以下程序：

① 乘务员应立即采取规定的急救措施，并通知机长。

② 保留所有怀疑有问题的食物。

③ 如果情况很严重或涉及机组成员，应考虑做非计划着陆；通知 ATC 和公司运行控制部门。

④ 机长递交一份事件报告。

⑤ 所有配餐供应品应保留，在下一航站供卫生部门检查。

七、机组成员或旅客医疗急救/非计划着陆

（1）遇到医疗急救时，乘务员应使用旅客广播请求医疗协助。必要时，机组应联系医疗急救部门。

（2）如果旅客出现以下症状中任意一种，机长应考虑做非计划着陆：

① 不能恢复知觉。

② 流血不止。

③ 持续疼痛——特别是胸疼。

④ 呼吸困难。

（3）机长在进行非计划着陆之前，应设法证实该机场或该城市有足够的医疗设施。

八、乘客空中死亡

（1）当空中出现"表面死亡"事件，得到"表面死亡"报告后，机长应考虑以下情况，并采取有效的措施：

① 继续抢救努力使旅客苏醒。

② 当接到旅客表面死亡报告时，应注明位置和时间。

③ 注明报告人姓名。

④ 查明该旅客身份，（必要时，至少找三名旅客作证人）。

⑤ 查明表面死亡旅客周围所有旅客的身份。

⑥ 通知公司运行控制部门机上有表面死亡旅客，请求派救护车或有关人员接飞机。

⑦ 查明是否有人与该旅客一起旅行，如果有，应查明：他们是不是家庭成员；他们是否知道表面死亡旅客有病；表面死亡是否有明显的原因。

（2）宣布死亡

① 机组人员应避免宣布旅客死亡（着陆后应由医务人员做出结论）。

a. 只有医生才能宣布某旅客已死亡。

b. 向机上医务人员说明，如宣布死亡必须确定死因。

② 如果宣布机上某旅客死亡

a. 应记录宣布旅客死亡的医生的姓名、通信地址和电话号码。

b. 如可能，应得到一份宣布死亡时周围环境的说明。

c. 通知有关部门作好准备。

③ 继续飞行

a. 是否继续飞行要取决于实际情况。其他旅客的安全和利益至上。机长、乘务员、医生和签派之间应进行必要的协调。

b. 查明死亡者的住址，不要把该旅客置于过道或出口通道。

c. 考虑其他旅客和乘务员的情况：出现旅客死亡，周围的旅客可能会很不安。考虑把周围的旅客安排到远离死者的位置。如果不能把周围的旅客安排到其他位置的话，再考虑能否把死亡者移到不影响紧急撤离的无人区域。

④ 非计划着陆

a. 如果不能把其他旅客安排到远离死亡者的位置，应考虑备降。

b. 如果其他旅客或乘务员感到不安，应考虑备降。

c. 如果表面死亡可能是他杀的话，应备降到就近机场，并联系公司运行控制部门及通知机场公安等有关部门。

d. 如果证明死于传染病的话，应备降到就近机场，并联系公司运行控制部门同时通知机场公安和当地卫生部门等。

⑤ 着陆后

a. 如果没有得到有关部门许可，不要抬走死亡者。

b. 保护好死亡者的行李（必要时，找一位旅客作为证人取出死亡者的行李）。

c. 准备一份有关这一事件的详细报告，并交给公司安全质量监察部、保卫部和总值班经理。

九、旅客在飞机未起飞前要求下飞机的处理

① 乘务员必须仔细查看该旅客的机票，确认该旅客是否是中转旅客。

② 立即将此情况报告机长，做好有关记录。

③ 该旅客必须将随身行李全部带下飞机，如有托运行李的，必须按照行李标签将行李取出，将其行李放置到远离飞机和人群的地方进行隔离。

④ 对此类行李应由旅客亲自确认，经开包检查验证无误后，交还给旅客本人。

⑤ 该旅客下飞机后，机组必须对该旅客座位及其周围区域进行严格的安全检查。

思考题

1. 特殊/限制性旅客的定义？
2. 需要医疗诊断证明书的有哪些旅客？
3. 对无成人陪伴儿童的限定？
4. 孕/产妇在哪些情况下被拒绝承运？
5. 对残疾旅客的定义和座位安排？

6. 对担架旅客的座位安排？
7. 什么情况下旅客会被拒绝进行空中旅行？
8. 机上扰乱行为的定义？包括哪些行为以及处置原则？
9. 非法干扰行为包括哪些？处置原则有哪些？
10. 在出口座位就座的旅客应当具备哪些能力？
11. 对旅客进入驾驶舱的管理要求？
12. 旅客在飞机未起飞前要求下飞机的处理方法？

第四章

客舱运行安全管理

案例

2016年1月23日，东方航空公司官方消息称，东航浙江分公司一位乘务长在未确认1L门滑梯是否已解除待命的情况下开启舱门，造成滑梯意外放出。涉事航班为MU5645，计划于18:55飞机从昆明飞往西双版纳，预计起飞时间19:50。事发后，东航再次要求全体人员按章操作，操作机门时严禁越位、替代操作，开启机门前保持头脑清醒，不做任何与安全无关的事，必须使用"双人制开门确认口令卡"，不得提前操作。

同样是23日晚，南方航空公司北方分公司执行CZ6582（三亚-南昌-沈阳）航班，飞机在南昌落地后，乘务长没有执行双人制操作舱门，导致1L门滑梯掉包。

误放滑梯的代价昂贵。虽然意外释放出滑梯（图4-1），对飞机本身没有伤害，但是却要承担比较大的成本。一方面，误放滑梯会导致航班延误，航空公司需要赔偿旅客；另一方面，重新折叠滑梯的费用不菲。

一名航空公司的工作人员解释，飞机紧急滑梯触发后的恢复，是一个非常复杂的过程。先需送车间检查有无损伤漏气，如有损伤需要报废处理，费用不下几十万。滑梯本身如无破损，还需恢复所配备高压气瓶规定的压力，将滑梯折叠复原。整个过程极其严谨复杂，滑梯折叠打包成型后，还需用专门的重物施压使之达到标准尺寸，仅该流程就需4~5天。人工、材料、设备航材等损失加起来不下几万元。

图 4-1 滑梯放出

第一节 预先准备阶段

在预先准备阶段，需要进行航前准备会，主任乘务长/乘务长要了解乘务员级别、业务能力等，必须保证各号位乘务员资格符合号位要求。

① 主任乘务长/乘务长组织准备会，检查客舱乘务员着装、仪容仪表，提醒个人必备的装备，包括走时准确的手表、现行有效的个人证件。

② 主任乘务长/乘务长观察组员精神状态，有无精神恍惚或饮酒状态，如发现报所属单位主管部门进行处置。

③ 通报近期空防、安全形势，掌握所飞航班的各种相关业务知识，包括航班号、机型、机长姓名、停机位、航线地标、跨水飞行、中途站、终点站、起降时间等和所飞

目的地的 C（海关）、I（出入境）、Q（检疫）相关规定等。

④ 对客舱服务工作提出要求，进行客舱乘务员的职责分工，客舱乘务员掌握所负责区域的应急设备数量、位置和应急处置程序。

⑤ 主任乘务长/乘务长制订空防预案以及颠簸预案，并对客舱安全工作提出要求。

⑥ 在有外籍乘务员参加飞行的航班上，应用英语与外籍乘务员沟通和下达任务。与经过汉语测试合格的外籍乘务员沟通或向其下达任务时，可使用汉语。官方标准用语使用"中文"。

第二节 直接准备阶段

一、与机组的协调和沟通

1. 主任乘务长/乘务长与机长的沟通和协调

主任乘务长/乘务长应主动与机长进行沟通和协调，了解飞行时间，天气状况包括航路上可能遇到的颠簸状况以及机组对安全和服务的要求，包括与机长及航空安全员共同制订空防预案，确定联络信号及确认驾驶舱门密码。乘务组落实完各项准备工作之后，应向机长汇报。

2. 客舱乘务组与驾驶舱的联络

在飞行期间，客舱乘务长（员）应使用机上内话与机组保持通信。当条件不允许时，机组可使用关断"系好安全带"灯再打开的方式替代（如飞行关键阶段、起飞或着陆的通知）。客舱与驾驶舱的内话系统出现故障，主任乘务长/乘务长必须通知机长，并制订另一种通信联络的途径；如果是某一站位与驾驶舱内话系统故障，应使用就近有效的内话系统进行联系，或是联系机组将情况说明。其他情况通过人工方式传递信息。主任乘务长/乘务长则负责将新的联络方式通知所有客舱乘务员。通信语言使用汉语或英语。

（1）在紧急情况下，飞行机组与乘务组间可使用的联络方式

① 飞行机组通知乘务组：飞行机组可通过一遍呼叫铃声通知客舱乘务员，客舱乘务员回答内部电话；如果客舱乘务员没有收到内话机回答，应立即拿起最近处的话筒再次与驾驶舱联系或立即进入驾驶舱。飞行机组也可使用旅客广播直接向乘务组发布指令。

② 乘务组通知飞行机组：客舱乘务员可使用多遍呼叫铃声、内话系统的紧急按钮或"pilot alert"（如装有），按预先商定的联络暗语表明有紧急情况或被劫持。飞行机组应确定紧急情况的性质并采取相应程序，可通过驾驶舱门镜观察，确认驾驶舱门锁闭，视情况进入客舱协助乘务组。必要时，飞行机组可使用旅客广播直接向乘务组发布指令。

③ 为了保密起见，飞行机组和乘务组在飞行前还可以商定临时性的暗号、暗语。

（2）在正常情况下，飞行机组与乘务组间可使用以下联络方式

① 舱门关闭：乘务长确认"客舱乘务员手册"要求的舱门关闭前工作完成后，通过内话系统报告驾驶舱飞行机组："旅客××人，与舱单相符，手续齐全，是否可以关门？"飞行机组确认具备关门条件后，回复"可以关门"。乘务长确认上述信息沟通已完成后关闭舱门。

② 飞机推出：所有客舱门关闭，廊桥/客梯车撤离，滑梯预位完毕，确认所有旅客就座，行李架关闭，推出前客舱准备完成后，乘务长通过内话系统报告驾驶舱飞行机组"滑梯预位完毕"，飞行机组回复"明白"。此时表明客舱已做好飞机推出前的准备。机长决定飞机推出前必须确认上述信息沟通已完成。

③ 滑行的通知：如果遇到滑行延误，机长估计有充足的可用时间，可告诉乘务组延误情况，使他们能在客舱里巡视并提供服务。一旦恢复滑行，立即进行广播，使客舱乘务员就座；如果从停机位到进入跑道的滑行时间预计少于 5 分钟时，通知客舱乘务长。

④ 起飞通知：飞机起飞前，乘务组应尽快完成旅客"安全须知"录像播放和客舱安全检查，之后乘务长应通过"CABIN READY"系统或内话系统通知飞行机组"客舱准备完毕"。机长决定飞机起飞前必须确认上述信息沟通已完成，并给客舱起飞信息（可使用两遍"系好安全带"铃声信号的方式）。

⑤ 进入或离开飞行关键阶段，机长应通知客舱乘务组，飞机进入或离开飞行关键阶段的时机：

飞行关键阶段是指滑行、起飞、着陆和除巡航飞行以外在 10000 英尺（3000 米）以下的飞行阶段。

a. 爬升离开飞行关键阶段。飞机爬升到 10000 英尺时，机长使用内话系统通知客舱乘务组"飞机离开飞行关键阶段"或通过关闭"系好安全带"灯的方式通知乘务组"飞机离开飞行关键阶段"。

b. 下降进入飞行关键阶段。飞机下降到 10000 英尺时，机长使用内话系统通知客舱乘务组"飞机进入飞行关键阶段"或使用两遍"系好安全带铃声"的方式通知乘务组"飞机进入飞行关键阶段"。

乘务长获取信息后，应尽快确认客舱安全检查已经完成，并通过"CABIN READY"系统或内话系统通知飞行机组"客舱准备完毕"。以上程序至少在飞机着陆前 8 分钟完成。

机长决定飞机着陆前必须确认上述信息沟通已完成，并给客舱着陆信息。如果机长预计要在 10000 英尺以下等待，应通知客舱乘务组，便于他们能继续进行空中服务。当通告乘务长的预达时刻提前十分钟以上时，或改航、备降等非计划情况发生，以及紧急情况下，应尽快通知乘务长。

⑥ 飞机放下起落架前，为使客舱乘务组有足够的时间作好着陆准备，机长应发送两遍"系好安全带"铃声信号，通知客舱机组。

⑦ 关车后，机长通过关闭"系好安全带"灯告知乘务组可以开始执行离机程序。乘务长看到"系好安全带"灯熄灭后，下达解除滑梯预位口令。解除滑梯预位后，乘务长通过内话系统通知飞行机组"滑梯解除预位"，机长回答"明白"（如发现未解除预位，须及时提示）。

二、机上设备检查

客舱乘务员在每次（包括换人、换组或无机组成员看管飞机）再次登机后，根据各自的职责检查核实自己所属区域的应急设备和服务设备，确认处于待用状态。应急设备存放处需确认无任何异物阻挡或遮盖，检查完毕后，向主任乘务长/乘务长报告。主任乘务长/乘务长上机后必须查看"客舱记录本"上填写的记录。

1. 应急设备检查

① 急救箱/应急医疗箱/卫生防疫包。

② 灭火瓶。

③ 氧气瓶。

④ 厕所烟雾探测器/厕所灭火系统。

⑤ 手电筒。

⑥ 安全演示用具包。

⑦ "安全须知卡""出口座位须知卡"。

⑧ 救生衣。

⑨ 出口舱门状况。

⑩ 麦克风。

⑪ 防护式呼吸装置。

⑫ 广播/内话系统/扬声器。

⑬ 客舱灯光。

⑭ 应急灯（连续 2~3 盏应急灯不亮，不能运行）。

⑮ 应急撤离指示荧光条有无脱落和覆盖现象。

⑯ 旅客及乘务员座椅、安全带（含肩带）。

⑰ 婴儿安全带、加长安全带。

⑱ 应急撤离报警系统。

⑲ 救生船（延伸跨水飞行需配备救生船的机型）。

2. 服务设备检查

（1）主任乘务长/乘务长应检查现行有效的机载"客舱乘务员手册"配备情况并将其放置在 CF 包内，并将手册存放位置通知所有乘务员。

（2）客舱乘务员检查所有服务车辆有无刹车装置，在飞行前确保刹车装置有效。发现故障车辆、刹车失效，贴上故障标签，通知责任部门及时更换及维修。

① 乘务员在航班中发现小板车、餐车、餐箱、烤炉架子等机上服务设备出现故障

需要维修维护时,需按要求在维修设备的显要位置悬挂"维修卡",不能及时更换或维修的,在航班中不能使用。

② 航班落地后请乘务员与配餐公司交接说明需维修、维护的机上设备,对于小板车、餐车等直接影响客舱安全的设备需求维修,带班乘务长须填写"客舱问题反映单"。

③ 悬挂有"维修卡"的服务设备将由维修部门进行修理。

(3) 断路器"跳开"或被"拔出"将会断开电源,会迅速切断同其他电气设备的连接,从而保护与其相关的部件的电路。"重新按下"已经"跳开"的断路器可能会加重电气系统过载,导致设备温度上升,出现烟雾,并且影响到其他设备的正常工作,情况严重时会造成火灾。

① 断路器的位置:与客舱设备相关的断路器,比如灯光和娱乐系统,其位置随机型的不同而不同;与厨房设备相关的断路器,比如热水器、烤箱、冷风机等,一般位于厨房的电气面板上。

② 断路器"跳开"的原因

a. 电气设备负载或连接线路出现故障。

b. 厨房或者空中娱乐系统断路器"跳开",尤其是多个断路器"跳开",表示电气连接线路或飞机的某些部件出现故障。

③ 断路器"跳开"后的处置程序

a. 客舱乘务员绝对不允许重新按下被"拔出"或者自动"跳开"的断路器。

b. 客舱乘务员立即向主任乘务长/乘务长报告,主任乘务长/乘务长向机长报告故障情况。

c. 主任乘务长/乘务长必须填写"客舱记录本"(CLB)。

3. 客舱设备故障报告

① 客舱乘务员需向主任乘务长/乘务长报告设备故障,由主任乘务长/乘务长报告机长。

② 主任乘务长/乘务长必须填写"客舱记录本"。

4. 地面检查

飞机在地面停留时,客舱乘务员应确认所有处于开启状态且没有对接廊桥或者车辆的舱门,门栏绳已挂好。

三、飞行前清舱检查

(1) 所有地面工作人员离机后、乘客登机前,客舱乘务员协助航空安全员对客舱进行清舱检查。

(2) 检查中发现任何可疑物品时,不要随意触动,及时报告主任乘务长/乘务长、机长。

(3) 厨房乘务员检查餐食情况,发现有不能开启的容器或餐具,及时报告主任乘务长/乘务长。

(4) 航班过站停留期间,客舱乘务员注意以下情况

① 不下机的乘客和行李通常不需要进行再检查,但航空安全员和客舱乘务员应在下一航段的起飞前对厨房、厕所等位置进行必要的安全检查。

② 除特殊许可的登机人员外,必须出示证件后,方可登机。
③ 航班过站停留期间,机舱内的所有箱、柜门应保持关闭。
④ 航班过站停留期间,由主任乘务长/乘务长指派客舱乘务员对客舱进行安全监控。

四、客舱安全检查报告程序

(1) 客舱乘务员向主任乘务长/乘务长报告内容
① 应急设备、客舱设备的检查情况。
② 餐食、机供品的安全检查情况。
③ 各区域清舱情况。
④ 舱门设备及滑梯状态。
(2) 在客舱安全检查出现不正常情况下,由主任乘务长/乘务长向机长报告。

五、对加入机组人员的管理

① 加入机组的人员,需要得到机长的通知并核实。
② 如得知有加入机组人员,需向机长进行证实。
③ 加入机组的人员可以使用乘客座位,当飞机满座时,通报机长。

六、乘客登机前

① 确认乘客登机廊桥/客梯车是否在待用状态。
② 确认客舱乘务员按照职责分工到位。
③ 确认机上无外来人、外来物。
④ 清点乘客人数的人员到位。
⑤ 客舱安全检查和服务准备工作已完成,调亮客舱灯光。
⑥ 经济舱供乘客存放物品的行李箱全部打开。
⑦ 机组成员的行李、飞行包等已放在储藏间。
⑧ 确认"客舱记录本"已放回原位。
⑨ 主任乘务长/乘务长报告机长,以获得乘客登机的许可。
⑩ 主任乘务长/乘务长通告地面值机人员,允许乘客登机。

第三节 飞行实施阶段

一、乘客登机时

1. 乘务员的基本工作内容

① 客舱乘务员站在指定的工作岗位上,注意观察登机乘客的情况,发现有异常情

况（醉酒、孕妇等）乘客及时报告主任乘务长/乘务长。

② 乘客应凭登机牌对号入座。

③ 行李摆放稳妥，如果手提行李超出规定范围，通告地面值机人员办理托运。

④ 关上行李箱并锁好。

2．具体实施细节

（1）手提行李的限制　乘客的手提行李超过规定的允许量，主任乘务长/乘务长应尽快与地面人员联系，该乘客超标的行李将被拒绝登机。

① 机组人员和加入机组人员的手提行李应按照客舱安全管理要求均匀地放置在储藏间区域内，不能放在头等舱内。

② 旅客随身携带物品每件尺寸长、宽、高不能超过55厘米×40厘米×20厘米。持头等舱、公务舱客票的乘客，每人可随身携带两件物品，每件行李或物品重量不得超过8千克。持经济舱客票的乘客，每人只能随身携带一件物品，每件行李或物品重量不得超过5千克。随身携带的物品应能置于乘客前排座位之下或行李箱内。

③ 每个放置于座位下面的行李应当受行李挡杆的限制，每个靠过道的座椅下的行李应当置于侧行李挡杆内，防止置于其下的行李物品在应急着陆的极限惯性力的撞击下，向侧面滑到过道上。

除符合标准的一件手提行李外，允许可随身携带小件的物品，如：照相机、雨伞、笔记本电脑、婴儿及儿童类用品、拐杖。

（2）手提行李的储藏

① 在舱门关闭和着陆之前，客舱乘务员应核实每件手提行李都妥善地储藏好。

② 手提行李的放置，不能影响机组应急设备的使用或阻挡乘客看到信号指示牌的任何区域内。

③ 手提行李不能捆绑在座椅上。

④ 不封闭的衣帽间仅能用来放置衣物或悬挂衣袋，手提行李不能放在这些区域的地板上，空餐车位也不能用来放置手提行李。

⑤ 手提行李不能放置在厕所里。

⑥ 每个储藏区域都标明了各自的重量限制，客舱乘务员应在乘客登机时监督储放行李，确保这些储藏区域的重量限制未被超出。

储藏间区域是指：行李箱；乘客座位下部至前限制区域和侧面至靠走廊限制区域；衣帽间封闭区域。

（3）客舱服务用品的储藏

① 所有的食品/供应品都应放置在规定的区域里。

② 食品配备人员有责任将客舱乘务员整理出的废弃物品卸下飞机。

③ 烤箱、行李箱、衣帽间和乘客座椅下部不得用来存放餐饮用具、设备和其他客舱供应品。

（4）手杖和拐杖的储藏　手杖（图4-2）和拐杖放置的许可位置如下。

① 纵向沿机身舱壁，放于非靠应急出口的窗口座位下。

② 如果手杖平放在地面，放在任何两个非应急出口（窗口）座位下面，但不能延伸到通道外面。

③ 放在一个许可的储藏空间内。

（5）旅客用氧的规定与储藏

① 简介

a. 机载便携式氧气瓶。参见本书应急设备章节。

b. 医用氧气。因氧气贮存一般使用高压气瓶和液态氧气装置，属于危险品管理范畴，故 CCAR-121 部不允许旅客自行携带任何用于贮存、产生或者分配氧气的设备乘机；目前航空公司也无法提供符合适航标准的大容量氧气贮存和分配设备，因此不能为旅客提供在飞行中使用医用氧气的服务。

② 旅客自带便携式用氧设备。为了满足美国规章要求，在公司运营的北美航线上，旅客可以随身携带登机并在巡航阶段使用便携式氧气浓缩器提高自己的舒适度。

图 4-2　手杖

a. 便携式氧气浓缩器（POC）。该设备通过分子筛技术分离空气中的氧气，向使用者提供氧浓度≥90%±3%的氧气。该设备不带有压力贮存部件，分配机构不带有压力，也不自主产生氧气，经 FAA 认定不属于危险品类别，不必采用特殊的运行限制。FAA 针对特定厂商的部分产品进行了电子设备干扰测试和授权，并在这些产品上进行了标注，美国运输部 DOT 要求所有自美国出发或到达美国的航班上，承运人不得拒绝旅客自行携带 POC 乘机和使用。在公司实际承运的航班上，如符合随身携带行李要求，旅客所带的 POC 可作为随身携带物品登机。

b. 持续正压呼吸机（CPAP）。持续正压呼吸机是用于睡觉时防止打鼾的，不属于限制使用的设备。旅客可以在巡航阶段使用。CPAP 的使用参照机上电子设备的管理规定执行。

注意：

① 未提前申请全程使用 POC 并获得航空公司许可的旅客，在地面滑行、起飞、落地等关键飞行阶段，按电子设备管理要求，应停止使用 POC。

② 飞行阶段，旅客自带便携式用氧设备使用者不得影响其他旅客进出座位。

③ 全程用氧旅客。如果旅客要求全程使用 POC，则旅客在购票时应按航空公司规定的时限向公司提出申请，确认自行携带的 POC 型号已获得美国 FAA 的认证和授权、设备外部应粘贴有效标识且所携带的电池和备用电池的维持时间不少于其所乘航班航程时长加 3 个小时的要求；旅客还应在办理值机手续时提供适宜乘机的医生证明。航空公司应为要求在机上全程使用 POC 的旅客预先安排座位，确保其不占用紧急出口座位，并保证其座位和 POC 摆放位置不影响其他旅客的紧急撤离路线。

所有携带登机的仅限用于 POC 的电池容量及数量要求：如额定能量小于 100 瓦时，锂含量小于 2 克，无数量限制；如额定能量大于 100 瓦时但不超过 160 瓦时，锂含量大于 2 克但不超过 8 克，不超过 2 个，须经航空公司批准；如额定能量超过 160 瓦，锂含量超过 8 克，不予运输；其他要求按公司《危险品运输手册》执行。

③ 巡航期间用氧旅客。如旅客在登机前并未通知公司其将在航班上使用 POC，或其携带的 POC 没有 FAA 授权认证，则旅客只能在巡航阶段使用 POC，在地面滑行、起飞和落地等飞行关键阶段应按机上电子设备的管理要求停止使用 POC。在机上使用 POC 应以自带电池为主，飞机电源仅作为备份使用。在飞行关键阶段不使用 POC 的旅客，其座位安排不受限制。

④ 旅客自带便携式用氧设备的放置

a. 在地面移动（从停机位推出和滑行）、起飞和着陆期间，旅客自带便携式用氧设备必须正确存放，适当固定防止移动。如：有存放空间的储藏柜。此外，供氧设备的管道系统不可以影响其他旅客进出座位并阻挡其他旅客紧急撤离。

b. 旅客自带便携式用氧设备应放置在使用者前排座椅下方，这样使用者或其照顾人员可看到警告灯和/或听到警告声。直接放置在使用者座椅下方以及放置在关闭的舱内将使使用者无法看到警告灯，并且可能造成使用者及监护人无法听到警告声。

⑤ 注意事项

a. 接到"特殊服务旅客通知单"确认有需全程用氧旅客后报告机长。

b. 查证全程用氧旅客姓名和有关信息。

c. 确认全程使用自带便携式氧气浓缩器（POC）的乘客不被安排在应急出口座位。

d. 告知旅客自带便携式用氧设备要妥善安置，以免发生意外。

e. 告知旅客注意用氧设备空气进/出气口在使用期间不被遮挡；告知旅客如自带便携式用氧设备发出报警鸣响，应立即关闭开关，阅读使用说明书，按照使用说明书要求操作。再次发生同样的报警停止使用。

f. 告知暂时不使用时应提醒或帮助旅客关闭氧气设备。

g. 自带便携式用氧设备使用者不得在飞行中依赖机上的电源。

h. 携带的机上备用锂电池必须放在原包装中，包裹暴露的电极进行绝缘或者将每个电池放在单独的塑料袋或保护袋中，单独保护以防短路。

i. 在公司运营的其他航线上，如旅客携带的 POC 和 CPAP 符合上述规定，也可允许旅客使用。

(6) 旅客和机组锂电池运输原则

① 不允许在托运行李中携带备用锂电池（包括锂金属或锂离子电池）。

② 锂电池移动电源（俗称"充电宝"，包括除提供外部电源这一主要功能外，还具备其他功能的）视为备用锂电池，单个充电宝最大额定能量不得超过 160 瓦时，而且不论额定能量大小，每名旅客或机组人员最多只能携带 2 个。在机上要确保有启动开关的锂电池移动电源处于关闭状态，且不得为电子设备充电。

③ 每名旅客或机组人员可以携带的《危险品运输手册》规定的各类备用锂电池，总数量不得超过 8 个，其中额定能量大于 100 瓦时、不超过 160 瓦时的锂电池，锂含量

大于 2 克、不超过 8 克的锂金属电池不超过 2 个（需经航空公司同意）；额定能量大于 50 瓦时、不超过 100 瓦时的锂电池，锂含量大于 1 克、不超过 2 克的锂金属电池不超过 2 个（如航空公司在其他手册或文件中同意旅客在机上使用特定的便携医疗设备，该设备的备用锂电池数量按照航空公司有关该设备的规定执行。）。

④ 其他要求按航空公司《危险品运输手册》执行。

（7）要求冷藏药品的规定与储藏

① 原则上旅客要求冷藏的药品应自行保管。

② 旅客在航班中要求冷藏药品，可将之放入盛有冰块的塑料袋内，但绝不能将药品冷藏于厨房区域，特别是冷藏柜、冰柜或餐车中。

（8）儿童限制装置、婴儿车、婴儿摇篮的规定与储藏

① 儿童限制装置

a. 不满 2 周岁的儿童，可以乘坐于经有关方面批准的儿童限制装置内，该装置可以是航空公司配备的，也可以是儿童父母、监护人带的。

b. 儿童限制装置能够恰当地固定在经批准的前向座椅上，且该座位需靠近窗口，但不是应急出口或应急出口前、后一排的座位。

c. 儿童能够被恰当地系紧在该装置内，并且其体重不超过该装置所规定的重量限制。

d. 在飞机起飞、着陆和地面移动期间，不得使用助力式、马甲式、背带式或者抱膝式儿童限制装置。

e. 为保证有一放置儿童限制装置的座位，成年人应当为儿童购票。如果在同行成年人旁边有空余座位又符合相关规定，可以被用来放置一个儿童限制装置。如果没有空余座位，任何未购票的儿童限制装置都应当符合许可储藏区域内的尺寸规定或托运。

f. 如果小于两岁的儿童无座位或该装置不能放置机上座椅，该婴儿由成年人抱着，儿童装置则需收藏或托运。

g. 一个以上的儿童如果是来自同一家庭或团体，固定装置应按规定的位置固定在同一排。

② 婴儿车

a. 婴儿车（伞式、折叠后不超过手提行李标准的便携式婴儿车除外）必须托运。

b. 伞式、折叠后不超过手提行李标准的便携式婴儿车可以带上飞机，可按其规格选择以下位置储藏：行李箱；封闭式衣帽间内；在非应急出口（窗口）座位下的前面，尽可能远离出口；在双通道飞机上，斜放在中央座椅下。

③ 婴儿摇篮（图 4-3）。

a. 客舱乘务员要向带婴儿的乘客介绍，为确保应急撤离时过道不受阻碍，飞机在滑行、起飞、下降、"系好安全带"灯亮时禁止使用婴儿摇篮。

b. 飞机起飞后，当"系好安全带"灯熄灭时，客舱乘务员协助乘客挂好摇篮，并检查摇篮插销是否固定，将盖布锁扣扣紧或将拉锁拉紧（图 4-4），并提醒旅客需全程将婴儿摇篮盖布锁扣扣紧或将盖布拉锁拉紧，防止突发颠簸将婴儿弹出或受伤。

图 4-3 婴儿摇篮

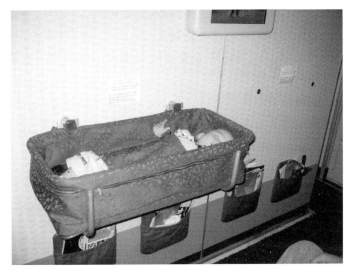

图 4-4 婴儿使用时要扣紧盖布

c. 当空中遇有中度以上颠簸时,广播提醒旅客将婴儿抱出并扣好加长婴儿安全带,防止婴儿受伤。

d. 飞机落地前 30 分钟"系好安全带"灯亮时收回摇篮放回原处。

e. 婴儿重量不能超出摇篮的承限要求。航空公司提供的婴儿摇篮适用于体重不超过 22 磅/10 千克且身长不超过 75 厘米的婴儿。

(9) 使用担架免责规定

① 通常情况下,担架乘客应安置在客舱后部。

② 在可能发生应急撤离时,担架乘客和障碍性乘客不能先于其他乘客下机。

(10) 警卫人员携带枪支的乘机规定

① 执行国家保卫对象和重要外宾保卫任务的警卫人员佩带的枪支、子弹,由本人携带。

② 警卫人员单独往返乘坐民航班机时，所携带的枪支、子弹按①条办法办理。

③ 为了保障飞机和旅客的安全，持枪人应采取枪、弹分开的办法随身携带。

④ 由安检部门核对、登记，并通知机组。

⑤ 空警或航空安全员负责核实，无空警或航空安全员的航班由乘务长负责核实。

⑥ 禁止向警卫人员提供任何含酒精的饮料。

(11) 更换座位管理规定

① 为了飞行安全，飞机起飞前客舱乘务员不得随意允许任何人调换座位，特别是大面积的调换，避免飞机的配平失调。

② 在飞行中如有空余座位，经客舱乘务员允许，旅客可以更换座位，但着陆前客舱乘务员应要求旅客回到原座位。

(12) 占座行李/客舱装货的规定

① 一般情况下，航空公司不允许在飞机客舱内装载行李。行李需占座时，乘客必须在定座时提出并经航空公司同意，占座行李要有带座位号码的登机牌。

② 客舱中只限装运易碎、贵重物品及机要/外交信袋。占用每一座位的行李总重量不得超过75千克，且长、宽、高分别不得超过100厘米、60厘米、40厘米。

③ 占座行李的高度不允许超过客舱窗口的高度及不得遮挡任何乘客告示和出口标志。

④ 占座行李不能利用应急出口座位，不能妨碍和阻塞任何应急出口和客舱通道。

⑤ 将占座行李放在座椅上，并用安全带系紧、扣牢。

二、舱门关闭前

关闭舱门前，主任乘务长/乘务长完成下列工作：

① 全体机组成员完成地面工作并已登机。

② 确认所有文件已到齐，确认"客舱记录本"已放回机上，与地面值班人员核实乘客人数。

③ 确认坐在出口座位的乘客具备相应能力，已阅读安全须知卡，并愿意承担其中规定的义务。

④ 确认客舱所有行李都已按规定储藏、所有乘客已坐好。

⑤ 向机长报告客舱准备情况及特殊旅客信息，请示机长关门，得到允许后，再关闭舱门。如客舱安全准备工作未完成，应及时向机长汇报，并讲明预计关闭舱门时间。

⑥ 关闭舱门前，与地面工作人员确认机舱外的状况，相互确认后，关闭舱门。

三、舱门关闭后

1. 关闭舱门后，乘务组完成下列工作

① 主任乘务长/乘务长观察外部廊桥/客梯已撤离飞机，通过客舱广播系统下达滑梯预位指令。

② 各区域客舱乘务员依照主任乘务长/乘务长指令操作滑梯预位，并相互检查。

③ 各舱门滑梯预位后，各区域客舱乘务员依照主任乘务长/乘务长指令，通过内话系统报告滑梯预位情况。

④ 主任乘务长/乘务长确认滑梯预位完毕及推出前客舱准备完成后，通过内话系统报告驾驶舱飞行机组。此时表明客舱已做好飞机推出前的准备。

⑤ 机长决定飞机推出前必须确认上述信息沟通已完成。

⑥ 广播员对客舱广播关闭电子设备，客舱乘务员确认所有便携式电子设备已关闭。

2. 具体工作细节

（1）飞机应急撤离的能力

① 载有乘客的飞机，当在地面移动之前，飞机至少有一个地板高度的出口，可供乘客在正常或应急情况下撤出飞机。

② 载有乘客的飞机，当在地面移动、起飞或着陆时，飞机上每个展开的应急撤离辅助设备在预位/待用状态。

（2）便携式电子设备（PED）的禁用和限制

在飞机为开始飞行而关闭舱门时刻起，至结束飞行打开舱门时刻止，机上全体乘员（包括旅客、机组人员和特许人员等）应遵守下列电子设备使用要求：

a. 飞行全程禁止打开电子设备的蜂窝移动通信功能（语音和数据）。

b. 飞行全程禁止使用锂电池移动电源（充电宝）为 PED 充电。

① 不同种类的电子设备使用限制

a. 飞行全程允许使用的电子设备有：便携式录音机；助听器；心脏起搏器；电动剃须刀；不会影响飞机导航和通信系统的用于维持生命的电子设备（装置）。

b. 小型 PED 在飞行中可全程使用，但在飞机滑行、起飞、下降和着陆等飞行关键阶段不允许连接配件（如耳机、充电线等）。此类小型 PED 包括但不限于：具有飞行模式的移动电话（智能手机）；便携式电脑或平板电脑；电子书；视/音频播放机；电子游戏机。

c. 大型 PED（如便携式电脑、平板电脑等）仅限在飞机巡航阶段使用，在飞机滑行、起飞、下降和着陆等飞行关键阶段禁止使用。

d. 飞行全程禁止使用的电子设备有：不具备飞行模式的移动电话，如仅具备蜂窝移动通信功能（语音和数据）的设备，包括有移动电话功能的手表等；对讲机；遥控设备（遥控玩具及其他带遥控装置的电子设备）。

② 机上禁止使用便携式电子设备的程序

a. 关闭舱门后乘务员向乘客广播禁止使用电子设备，检查乘客便携式电子设备处于关闭状态，客舱乘务员发现乘客违规使用电子设备时，要及时制止。

b. 当机长发现存在电子设备干扰并怀疑该干扰来自客舱时，客舱乘务员应立即对客舱进行广播，要求乘客关闭便携式电子设备，查找电子干扰信号的来源，及时制止。

c. 如果乘客不听劝告，应向违规乘客宣读法律法规的有关规定，按照机上扰乱处置程序进行处置。

d. 乘务组填写"机上紧急事件报告单",上报客舱服务部门。

(3) 乘客安全告示

① "系好安全带"告示

a. 飞机在地面做任何移动,以及每次起飞、着陆和机长认为必要的其他任何时间,"系好安全带"信号应当接通。

b. 当"系好安全带"信号亮时,每位乘客应当系好安全带。

c. 当部分"系好安全带"告示不工作时,乘务长/区域乘务员负责提示该区域乘客"系好安全带"。

d. 在夜航或长航线上巡航、旅客进入较长的休息期间,乘务长告知机组接通"系好安全带"告示牌,并进行客舱广播通知旅客为防止突发性颠簸在休息时应系好安全带。遇到中度以上颠簸时,机长应再次闪烁该信号灯以告知乘务组和旅客颠簸加剧。

e. 运行中客舱告示牌系统不工作时,乘务长应使用客舱广播告知旅客遇到颠簸时系好安全带。

② "禁止吸烟"告示

根据中国民用航空局规定,航空公司已在所有航线上实行禁烟。在飞机上的任何人应当遵守下列规定

a. 不得摆弄、损害或毁坏飞机厕所内的烟雾探测器。

b. 运行中客舱告示牌系统不工作时,乘务长应使用客舱广播告知旅客舱内禁止吸烟。

③ "安全须知卡"

a. 公司在各机型上装备与机型相符的乘客告示和标牌,并配备与机型相符的带有图示的"安全须知卡"、"出口座位旅客须知卡"。

b. 图卡、图表和词语使用国际认同的符号,描述识别和操作方法。

(4) 安全演示

① 飞机起飞前,通过录像设备或广播形式,向乘客介绍乘机须知和应急设备使用方法。具体内容如下

a. 系好和松开安全带的方法。

b. 应急出口的位置及开启的方法。

c. 座舱失压时氧气面罩的使用方法及位置。

d. 禁止吸烟的规定。

e. 禁止摆弄、损伤和毁坏飞机厕所内的烟雾探测器。

f. 乘客"安全须知卡"。

g. 滑梯的使用方法。

h. 应急撤离路线指示灯。

i. 涉及跨水运行或距最近海岸线的水平距离超过 93 千米(50 海里)的延伸跨水运

行的航班，需介绍救生设备、救生船（筏）和其他漂浮物品的位置及操作方法。

j. 限制乘客在机上使用便携式电子设备的规定。

② 在没有录像设备的飞机上，客舱乘务员须向乘客进行安全演示（安全演示的内容同上）。

③ "安全须知卡"的存放位置

a. "安全须知卡"放置于乘客座椅前方的口袋里。

b. "出口座位须知卡"放置于出口座位前的口袋里。

④ "安全须知卡"提供下列信息

a. 系好安全带及松开安全带的说明。

b. 应急撤离通道及路线指示灯。

c. 插图描绘出口手柄移动的方向。

d. 应急撤离滑梯的使用方法。

e. 安全姿势。

f. 氧气面罩的位置及使用方法。

g. 救生衣的使用及表明不得在客舱内充气但儿童除外。

h. 救生船的位置，使用前准备工作，充气和下水，表示下水位置。

i. 坐漂浮垫的位置和使用方法。

j. 禁止摆弄、损害或毁坏飞机厕所内烟雾探测器。

k. 禁止吸烟。

l. 应急撤离路线指示灯。

m. 应急出口及过道禁止放置行李。

n. 禁止电子设备的使用。

⑤ 为障碍性乘客做安全介绍

a. "安全须知卡"介绍。

b. 应急出口和备用出口。

c. 氧气面罩的使用。

d. 安全带的使用。

e. 救生衣的使用。

f. 应急撤离要求：指令识别；在所有乘客或绝大部分乘客撤离之后离机；需在援助者帮助下撤离。

⑥ 为无成人陪伴的未成年乘客和需要帮助的乘客单独进行"安全须知卡"介绍。

（5）系安全带规定

① 在下列情况下检查或广播通知乘客系好安全带

a. 滑行、起飞和着陆前。

b. "系好安全带"信号灯亮时。

c. 遇有颠簸。

d. 夜间飞行。

e. 遇有劫机。

f. 紧急下降。

② 起飞后，在"系好安全带"信号灯熄灭时，为了防止突然的颠簸，仍应通过广播要求乘客继续系好安全带。

③ 客舱乘务员坐席可面向飞机前方或后方，其位置应尽可能地靠近地板高度出口，而且应在整个客舱内均匀分布，以便客舱乘务员在应急撤离时最有效地疏散旅客。在滑行期间、起飞和着陆过程中，或空中"系好安全带"信号灯亮或接到机长指令时，除了在完成保障有关飞机和机上人员安全的任务外，客舱乘务员应当在其值勤位置坐好，并系好安全带和肩带。

④ 客舱乘务员在进行客舱安全检查时，应确认空座位上的安全带是在固定位置（包括客舱乘务员座席的肩带和安全带）。

⑤ 机上遇有腰围较大的乘客，应提供加长安全带。

⑥ 机上遇有带婴儿的乘客，应提供婴儿安全带。

(6) 舱门再次开启程序

① 主任乘务长/乘务长报告机长，获得机长许可（或在机长的指令下再开门）。

② 主任乘务长/乘务长使用客舱内话系统通知所有区域客舱乘务员解除滑梯预位。

③ 相对应舱门互检。

④ 客舱乘务员在开启舱门时，必须有另外一名乘务员现场监控。

再次关闭舱门时，执行舱门关闭程序。

四、飞机推出前

(1) 完成滑梯预位，广播员再次广播"客舱乘务员进行安全检查"，检查项目包括：

① 确认旅客全部坐好，系好安全带、调直椅背、收起脚垫、扣好小桌板。

② 关闭所有电气设备。

③ 关闭行李箱，打开遮光板，所有门帘拉开、扣紧。

④ 应急出口和走廊过道及舱门的近旁没有堆放物品。

⑤ 儿童系好安全带，婴儿由成人抱好并系好婴儿安全带。

⑥ 固定好所有空座椅上的安全带。

⑦ 关断厨房电源，固定好厨房设备及机供品。

⑧ 确认厕所无人使用，盖上马桶盖，关闭厕所门。

⑨ 确认电视屏幕归位、固定，每个可以伸展至过道的电视屏幕收上。

(2) 进行安全演示，如果再次开启舱门前已做过安全演示不再重新做安全演示。

(3) 调暗客舱灯光。

(4) 处理与客舱安全有关事情的客舱乘务员听到起飞铃声，立即回到客舱乘务员值勤位置系好安全带和肩带。

(5) 默想应急处置程序

① 应急设备的位置和使用方法。

② 撤离程序。

③ 防冲击姿势。

(6) 如发生危及飞行安全的情况，客舱乘务员立即报告主任乘务长/乘务长，主任乘务长/乘务长迅速将此通知驾驶舱。

五、飞机起飞前

乘务组应尽快完成乘客"安全须知"录像播放和客舱安全检查，之后主任乘务长/乘务长应通过"CABIN READY"系统或内话系统通知飞行机组"客舱准备完毕"，机长决定飞机起飞前必须确认上述信息沟通已完成，并给客舱起飞信息。

六、飞行中

1. 乘务员基本工作内容

(1) 在"系好安全带"灯熄灭时，广播通知乘客仍要继续系好安全带。

(2) 客舱乘务员全程监控驾驶舱门（有航空安全员的航班由航空安全员负责）、客舱、厕所、应急出口、B747—400COMBI 机内货舱门的安全。

(3) 停放餐车时，应刹车固定。

(4) 按照规定程序操作机上设备。

(5) 发生紧急情况时，按照机长指令执行应急程序。

(6) 关闭、锁住行李箱和柜门。

(7) 按规定使用和停放餐车

① 飞机在地面移动前，所有餐车必须放在规定的位置并固定好。

② 在客舱内的餐饮车必须有人监管。

③ 使用完毕的餐饮车必须收回固定好。

(8) 垃圾处理

① 检查厨房和厕所垃圾箱完好。

② 垃圾箱不使用时必须盖好。

③ 厕所内及应急出口处不得堆放杂物和垃圾。

(9) 异常情况处置：在飞行中的任何时间，发生劫机等异常事件或发现异常声音，客舱乘务员立即向主任乘务长/乘务长报告，主任乘务长/乘务长立即报告机长。

2. 具体安全细节

(1) 飞行关键阶段要求

a. 除紧急情况外客舱乘务员不得进入驾驶舱或与驾驶舱进行联络。

b. 禁止客舱乘务员在飞行的关键阶段做与飞机安全运行以外的任何其他工作，这些工作包括填写与飞行运行无关的公司报告表、记录表等。

c. 禁止客舱乘务员在飞行关键阶段进餐、无关紧要的交谈、阅读与飞行无关的刊物。

（2）进入驾驶舱人员的限制

① 下列人员可以进入飞机驾驶舱，但并不限制机长为了安全而要求其离开驾驶舱的应急决定权：

a. 机组成员。

b. 正在执行任务的局方监察员或局方委任代表。

c. 得到机长允许并且在其进入驾驶舱对于安全运行是必需或者有益的人员。

d. 经机长同意，并经公司特别批准的其他人员。

② 被准许进入驾驶舱的非机组人员，应当在客舱内有供该人员使用的座位，但下列人员在驾驶舱有供其使用的座位除外

a. 正在对飞机操作进行检查或者观察的局方监察员或者经授权的局方代表。

b. 局方批准进行空中交通管制程序观察的空中交通管制员。

c. 航空公司雇用的持有执照的航空人员。

d. 航空公司雇用的持有执照的航空人员，该人员得到运行该飞机的公司批准。

e. 运行该飞机的公司雇员，其职责与飞行运作的实施或者计划，或者空中监视飞机设备或者操作程序直接有关，此人进入驾驶舱对于完成其任务是必需的，并且已得到在运行手册中列出的有批准权的主管人员的书面批准。

f. 该飞机或者其部件的制造厂家技术代表，其职责与空中监视飞机设备或者操作程序直接有关，进入驾驶舱对于完成其职责是必需的，并且已得到公司在运行手册中列出的有批准权的运行部门负责人的书面批准。

③ 局方监察员进入驾驶舱的权力。局方指定的监察员执行监察任务时，向机长出示局方监察员证件后，机长应当允许该监察员不受阻碍地进入该飞机的驾驶舱。

④ 进入驾驶舱安全程序

a. 机组成员进入驾驶舱应使用事先确定的联络信号。

b. 其他被准许的人员进入驾驶舱前，主任乘务长/乘务长应先通过内话系统与驾驶舱联络。在获得机长批准后方可进入驾驶舱。

c. 进入驾驶舱后应将舱门锁定，防止他人尾随而入。

（3）飞机颠簸

① 颠簸的分类。在飞行中，飞机随时都可能遇有颠簸。颠簸分为可预知颠簸和突发性颠簸，可预知颠簸的信息由机组在航前和飞行中随时通知乘务组，颠簸程度原则上由机长确定并通知乘务组。依据颠簸程度还可分为轻度颠簸、中度颠簸和严重颠簸。

a. 轻度颠簸

客舱表现：液体晃动，但没有从水杯中溢出；餐车操纵不困难。

服务提供：可继续进行服务，但不要提供热饮料，防止烫伤乘客。

b. 中度颠簸

客舱表现：液体从盛满大约七成水的水杯中溢出；餐车操纵困难；在客舱中难于行走；不抓紧物体站立困难。

服务提供：立即停止服务，收起热水壶，将餐车、饮料车推回厨房扣好。乘务组回座位坐好，系好安全带。

c. 严重颠簸

客舱表现：物体掉落或飞起；没有固定的物体来回滑动；不能在客舱站立或行走。

服务提供：立即停止服务，原地踩刹餐车，客舱乘务员就近入座系上安全带或原地抓紧附近固定物体，将自己固定。

② 可预知颠簸的处置程序

a. 在飞行中，当乘务组得到即将发生颠簸信息时，应根据机组提供的颠簸程度信息，按照预案提前做好准备工作。

b. 当"系好安全带"指示灯闪烁并发出提示音后，乘务组广播通知乘客系好安全带。轻度颠簸时，广播的同时进行安全带检查；遇有中度以上及严重颠簸时，可连续重复广播提醒旅客系好安全带，同时乘务员立即返回乘务员座位，系好安全带。

c. 带班乘务长根据机组提供的信息，必要时可调整服务计划。

③ 突发性颠簸的处置程序

a. 当遇有突发性颠簸时，乘务组首先要广播通知旅客系好安全带，同时及时与机组沟通，若"安全带灯"未显示，应请机组打开"安全带灯"。

b. 判断突发颠簸程度，视颠簸程度提供相应的服务工作。

c. 当突发颠簸已使服务工作无法进行，应停止服务并广播通知旅客系好安全带，必要时可连续重复广播，同时乘务员按要求做好自身的安全保护，可以选择以下方式

如就近有空座，立即入座，并系好安全带。

立即返回乘务员座位，系好安全带。

原地抓紧附近固定物，将自己固定。

（4）对飞行机组的服务

① 食品中毒会影响飞行机组的工作能力，进而影响飞行安全，为飞行机组提供餐饮的客舱乘务员应保证提供给机长和其他机组成员的食品是完全不同的（如果同一机组配备了同一种餐食时，机长和其他机组成员的进餐时间需相隔一小时。）。

② 不能将再次冷却后又重复加热的餐食提供给飞行机组。

③ 为驾驶舱提供饮料和餐食时，需绕过中央仪表板，颠簸时禁止向驾驶舱提供餐饮，禁止将茶壶放在驾驶舱内。

④ 飞机在地面停留时，客舱乘务员禁止使用敞口杯为驾驶舱内的飞行机组提供饮料。

⑤ 在进入驾驶舱前，按联络信号联系后，得到许可方可进入驾驶舱。

⑥ 当仅有两名驾驶员在驾驶舱内值勤时，其中一名在值勤岗位的驾驶员由于工作或生理原因需离开驾驶舱，机长应指定不在值勤岗位的飞行机组成员进入驾驶舱，或要求乘务长安排一名客舱机组成员进入驾驶舱，直至该名驾驶员返回。

⑦ 主任乘务长/乘务长接到机长指令后，须指派一名乘务员或保卫员进入驾驶舱，按照在值勤岗位飞行员的要求提供必要的协助。

⑧ 提供给驾驶舱的餐饮，使用完毕后及时收回。

（5）机组丧失能力处置程序

① 驾驶员丧失能力处置程序

为了更好地与驾驶舱进行沟通，客舱乘务员在飞行中每隔 20～30 分钟与驾驶舱进行联络。当得知其中一个驾驶员丧失能力时

a. 广播找医生。

b. 将丧失能力的驾驶员搬运出驾驶舱进行急救。

c. 如不能将丧失能力的驾驶员搬运出驾驶舱，应采取以下程序：

如果驾驶员在飞行中丧失能力，客舱乘务员协助将其双臂交叉放在安全带下，拉紧并锁住安全带固定在座椅上，以防止其碰撞控制系统。

将丧失能力的驾驶员座椅向后拉到最大限度并使其后倾，然后把驾驶员双腿后拉。

如果需要氧气，用拇指和食指抓紧面罩的氧气释放夹口，戴好面罩后松开夹口。

将机组使用的快速伸缩式氧气调节器选择开关至 100%，打开应急供氧开关旋钮，并按顺时针旋转。

d. 当只有一名飞行驾驶员操纵飞机时，乘务长须指派一名乘务员进入驾驶舱，按照机长或接替机长的要求提供必要的协助，包括必要时可求得旅客中可能有的驾驶员或其他空勤人员的帮助。

② 客舱乘务员丧失能力处置程序

a. 使用内话机通知机长并始终与驾驶舱保持联系。

b. 在机上广播寻求医务人员的帮助。

c. 在医务人员未到之前或机上无医务人员时，应按急救要求进行操作。

d. 确认其他乘务员完成丧失能力的客舱乘务员安全职责。

③ 机组失能时的沟通与联络

a. 飞行机组失能时，另一名飞行机组立即通知客舱乘务员。

b. 客舱乘务员失能时，就近的客舱乘务员立即报告主任乘务长/乘务长，主任乘务长/乘务长立即报告飞行机组。

（6）为乘客提供含酒精饮料的限制和规则

① 乘客在飞机上除了饮用机上配备的含酒精饮料外，不得饮用其他含酒精饮料。

② 飞行中不得为下列人员提供任何含酒精饮料

a. 表现为醉酒状态的人。

b. 正在护送别人的人或者被护送的人。

c. 在飞机上持有致命性或者危险性武器的人。

d. 未成年人。

e. 护送机密文件人员。

（7）飞行中客舱设备故障处理

① 客舱乘务员折叠式座椅故障应做到

a. 主任乘务长/乘务长必须通知机长。

b. 损坏的客舱乘务员座位不得使用。

c. 没有座位的客舱乘务员应在其负责的应急出口最近的可用的乘客座位就座，此时该客舱乘务员的职责不变。

d. 供该客舱乘务员就座的乘客座位必须注明"机组专用"。

e. 填写《客舱记录本》。

② 舱门故障处理

a. 舱门在地面故障：主任乘务长/乘务长必须报告机长；根据最低设备放行清单限制乘客数量；乘客登机时不能使用有故障的舱门；在舱门的明显处标明此舱门故障；告诉此舱门附近乘客使用其他舱门；如发生紧急情况，客舱乘务员必须封住此舱门，指挥乘客使用其他舱门撤离。

b. 飞行中舱门出现异常：将舱门异常的情况报告机长/主任乘务长；根据机长的指示，进行处理（如用湿毛巾或其他针织物塞住门缝）；禁止使用干毛巾（针织物）和清洁袋等纸状物品，以免被吸出飞机外。

③ 飞行中客舱广播系统/内话机系统故障

a. 如客舱广播系统故障，采用如下方式与乘客传递信息：使用麦克风；与乘客口头沟通。

b. 客舱与驾驶舱的内话机系统出现故障，采用如下方式与驾驶舱进行联系：主任乘务长/乘务长必须立即通知机长制订另一种通信联络的途径；如果某一区域内话系统故障，使用就近有效的内话系统进行联系或通过乘务员口头传递信息；主任乘务长/乘务长立即将新的联络方式通知所有客舱乘务员。

④ 客舱中"系好安全带/禁止吸烟"信号灯故障

a. 报告机长，必要时加以广播。

b. 广播通知乘客"系好安全带/禁止吸烟"信号灯故障，并确认所有乘客系好安全带、禁止吸烟。

⑤ 对以上发生的客舱故障，客舱乘务员应在落地前填写完《客舱记录本》。

七、着陆前

（1）客舱乘务员进行落地前的客舱安全检查，检查项目包括

① 乘客系好安全带、调直椅背、收起脚垫、扣好小桌板，乘客座椅上无食品、饮

料和餐具。

② 确认所有便携式电子设备已关闭。

③ 关闭行李箱,打开遮光板,所有门帘拉开、扣紧。

④ 应急出口和走廊过道及舱门的近旁没有堆放物品。

⑤ 儿童系好安全带,婴儿由成人抱好并系好婴儿安全带,拆下婴儿摇篮收存好。

⑥ 固定好所有空座椅上的安全带。

⑦ 关断厨房电源,固定好厨房设备及机供品。

⑧ 确认厕所无人使用,盖上马桶盖,关闭厕所门。

⑨ 确认电视屏幕归位、固定。

(2) 调暗客舱灯光。

(3) 客舱安全检查后,主任乘务长/乘务长应检查一遍客舱,客舱乘务员应回到值勤位置系好安全带和肩带,并通过"CABIN READY"系统或内话系统通知飞行机组"客舱准备完毕"。

八、到达

1. 乘客下机前

① 飞机到达停机位,"系好安全带"指示灯熄灭后,主任乘务长/乘务长通过客舱广播系统下达解除滑梯预位指令。

② 各区域客舱乘务员依照主任乘务长/乘务长指令解除滑梯预位,并相互检查。

③ 各门解除滑梯预位后,各区域客舱乘务员依照主任乘务长/乘务长指令,通过内话系统报告解除滑梯预位情况。

④ 主任乘务长/乘务长报告机长解除滑梯预位情况。

⑤ 打开客舱灯光。

⑥ 得到地面人员的开门许可后,方可开门,客舱乘务员在开启舱门时,必须有另外一名乘务员现场监控。

⑦ 确认客梯车/廊桥安全后,乘客方可下机。

2. 乘客下机后

① 检查客舱、厕所有无滞留乘客。

② 检查客舱有无乘客遗留物品。

③ 关闭除照明以外的一切电源。

④ 完成一切交接工作。

⑤ 主任乘务长/乘务长将《客舱乘务员手册》放回原处。

3. 经停站乘客不下飞机

① 经停站乘客不下飞机,应在机上留有符合完成该飞机应急撤离程序的最低配置人员,见表4-1不同机型乘务员人数配置。

表 4-1　不同机型乘务员人数配置

机　　型		乘务员人数	经停站乘务员人数
B737—700		正常 5 名/最低 4 名	2 名
B737—800/8		正常 5 名/最低 4 名	3 名
B747—400P		正常 16 名/最低 12 名	8 名
B747—8		正常 19 名/最低 12 名	8 名
B777—200		正常 12 名/最低 8 名	6 名
B777—300ER	布局 A	正常 13 名/最低 10 名	6 名
	布局 B	正常 15 名/最低 10 名	
B787—9		正常 12 名/最低 8 名	6 名
A319—131/115		正常 5 名/最低 4 名	2 名
A320—200		正常 5 名/最低 4 名	3 名
A321—200		正常 7 名/最低 6 名	4 名
A330—200		正常 10 名/最低 8 名	6 名
A330—200(高原型)		正常 11 名/最低 8 名	6 名
A330—300		正常 11 名/最低 8 名	6 名
A350—900		正常 12 名/最低 8 名	6 名

（数据来源：中国国际航空公司客舱乘务员培训手册）

② 如果需要留在飞机上的乘务员数量少于最低配置的规定，则应当符合下列表中"客舱乘务员经停站人数"，同时保证飞机发动机关车，并且保持打开一个地板高度的出口供乘客下飞机。

③ 如果在经停站，该飞机上只有一名客舱乘务员或其他合格人员，则该客舱乘务员或其他合格人员所在位置必须在打开的主登机舱门处，并且需要有明显的标志，易于乘客识别。

如果在飞机上保留一名以上客舱乘务员或者其他合格人员，这些客舱乘务员或者其他合格人员应当均匀分布在客舱内，以便在紧急情况下，最有效地帮助乘客撤离。

4．在机上有乘客时飞机加油

① 机长应通知主任乘务长/乘务长，"禁止吸烟"信号灯亮。根据加油口位置，机长决定将距加油口位置较远的另一侧撤离口确定为主撤离口，其余撤离口为次撤离口，并通知主任乘务长/乘务长。主任乘务长/乘务长应及时将此信息通知其他乘务员和地面保障人员。地面保障人员应确保主疏散通道和逃生滑梯区域不得停放地面支持设备和/或出现其他障碍物。

② 得到机长通知后，客舱乘务员广播通知乘客飞机正在加油，请乘客在原位就座，解开安全带，不得使用任何电子设备。

③ 在有乘客的客舱区域的每一个应急出口，至少有一名客舱乘务员负责。

④ 客舱通道、应急出口无障碍物。

⑤ 当有上、下飞机的乘客时应保持走廊通道的通畅。

⑥ 当乘务组发现客舱秩序不能保证应急撤离的实施时，立即通知飞行机组人员停止加油。

⑦ 在整个过程中，飞行机组与地面机务人员必须使用内话系统保持双向通信，遇有特殊机场及情况，当飞行机组与地面机务人员无法使用内话系统沟通时，机组应及时告知主任乘务长/乘务长，主任乘务长/乘务长应指派专人在机舱门口负责飞行机组与地面保障人员沟通的信息传递工作，确保信息及时、准确、畅通。

九、飞行结束后

1. 旅客遗失物品的处置

① 在旅客离机后或在旅客登机前，客舱乘务员在客舱捡到任何有价值的物品时，必须马上报告主任乘务长/乘务长进行查看，而且需要两人在场，将遗失物品逐一记录。

② 主任乘务长/乘务长将捡拾到的物品交给相关部门并保留好收据。

③ 如果是在旅途中捡到并且证明是该旅客的物品，主任乘务长/乘务长确认后归还旅客。

④ 在登机后，如果旅客提出丢失了贵重物品，客舱乘务员要将所丢失的物品了解清楚，并尽力帮助寻找。

2. 机上紧急事件的报告

（1）飞行中发生的紧急事件都要以书面形式报告给本单位业务主管部门，紧急事件包括下列情况

① 机上人员中毒、疾病、受伤、死亡等。

② 机上扰乱行为及非法干扰行为。

③ 紧急撤离、烟雾/火警、释压、危险品泄漏、滑梯包脱落或滑梯展开、人为原因导致设备损坏等。

（2）报告的形式

① 带班乘务长应在事件发生后24小时内及时向客舱安全管理部门上报"机上紧急事件报告单"。报告单内信息仅限于紧急事件处置使用，不得随意泄露。各单位客舱安全管理部门须将"机上紧急事件报告单"保存24个月。

② 报告中应详细陈述事件的过程，导致事件的原因和采取的措施以及涉及的人员，特别是事件发生的时间、地点、乘客姓名、座位号、地址、电话，见证旅客姓名、座位号、地址、电话，客舱乘务员和乘客受伤情况等所有具体信息。

③ "机上紧急事件报告单"填写要客观、准确、内容详尽、完整，见表4-2所示。

第四章 客舱运行安全管理

表 4-2 航空公司机上紧急事件（含医学事件）报告单

航班号：		日期：		飞机号：		出发站：		到达站：		备降地：	
类别一：□受伤 □疾病 □中毒 □死亡 □其他											
类别二：□机上扰乱行为 □非法干扰行为											
类别三：□紧急撤离 □烟雾/火警 □危险品泄漏 □释压 □滑梯包脱落或滑梯展开 □人为原因导致设备损坏 □其他											
乘客姓名	座位号	性别	年龄	电话		国籍	证件号			联系地址	
事件起因及经过：											
处置措施/结果：											
紧急医学事件处理人员信息	医务人员（有/无）		签名	执业类别		电话	联系地址					
请示航管部门(有/无)	使用急救箱(有/无)		使用机载除颤仪(有/无)		使用应急医疗药箱(有/无)	使用应急医疗药箱内药品名称						
见证旅客姓名	座位号		电话	国籍		证件号	联系地址					
证言： 签字：											
见证乘务员姓名		电话					工号					
证言： 签字：											
带班乘务长签名：			部门：					电话：				
机长签名：			部门：					电话：				
地面工作人员签名：			部门：					电话：				
患者随身行李(有/无)			件数：								
此报告单共计四联。第一联交本单位客舱安全管理部门；第二联(如涉及报告单中类别一的紧急医学事件)交航卫部门；第三联(如适用)交地面工作人员；第四联带带班乘务长保留。文字叙述可另加附页。											

注：此报告单应详细填写并在事件发生后 24 小时内上报。报告单内信息仅限于紧急事件处置使用，不得随意泄露。各单位客舱安全管理部门须将此报告单保存 24 个月。

④ 填写"机上紧急事件报告单"时，主任乘务长/乘务长将情况报告机长，并由机长签字。

⑤ 乘务组与地面工作人员移交急救旅客时，要在"机上紧急事件报告单"中详细记录地面工作人员姓名、部门、电话及患者随身行李件数等信息。

第四节
航后讲评阶段

航后讲评是客舱运行安全管理的最后反馈环节。各航空公司在正常航班结束之后要求整个机组及乘务组进行讲评，建立了完善的航后讲评协作机制。讲评协作并不简单局限于在发生了不正常事件的航班后，而是一种日常运行的常态机制。许多航空公司相继建立了类似的航后讲评制度，更有些航空公司将航后讲评写进了公司运行的检查单里。有数据表明，这些制度有效地减少了运行中人为的差错、航班延误，降低了整体运行成本，提高了个人乃至整个团队的工作效率。

 思考题

1. 机上设备检查包括哪些内容？
2. 旅客登机时乘务员的基本工作内容有哪些？
3. 手杖和拐杖的储藏位置？
4. 旅客和机组锂电池运输原则？
5. 要求冷藏药品的规定与储藏？
6. 对婴儿摇篮的使用规定？
7. 对更换座位的管理规定？
8. 飞行期间机上有哪些便携式电子设备要禁用和限制？
9. 在哪些情况下乘务员检查或广播通知乘客系好安全带？
10. 什么是飞行关键阶段？
11. 颠簸的分类与客舱表现？
12. 乘务员对突发性颠簸的处置程序？
13. 机上紧急事件的报告包括哪些？
14. 正常/非正常情况下，乘务组与驾驶舱的联系方式是什么？

第五章

客舱应急设备

案例

2018年2月25日,南航CZ3539(广州-上海虹桥,机型B77W)航班在登机过程中,一名已登机旅客所携行李在行李架内冒烟并出现明火(图5-1),机组配合消防和公安部门及时进行处置,未造成进一步损害。涉事旅客被警方带走调查,经初步了解,系旅客所携带充电宝冒烟并着火,事发时充电宝未在使用状态。

CZ3539旅客充电宝在行李架起火,部分网友质疑南航乘务员在灭火过程中所表现出的灭火方式不够专业,对此我们查询了民航局此前关于锂电池机上起火的应急指南(详见《锂电池机上应急处置指南》)。其中详细指出,机上可用于锂电池应急处置的设备有灭火设备和防护设备。灭火设备包括海伦灭火器、水灭火器等;防护设备包括防护式呼吸保护装置、防火手套等。除这些设备外,机组人员可以考虑使用机上易得物品作为锂电池应急处置的辅助工具。例如:碳酸饮料、茶水、咖啡、果汁等不可燃液体可以用来实施灭火和冷却处置;湿毛毯、湿枕头等可以用来防止火源周围的物品被引燃和火势蔓延;机供品箱、冰桶、垃圾箱、餐车可以作为冷却或移动相关物品的容器;湿毛巾可以作为隔热防护用品等。

图5-1 行李架内行李起火

由此可以看出,南航乘务员在此次充电宝起火面前使用易得的矿泉水进行灭火的方式是合理的,在灭火过程中仍旧不忘紧急疏散旅客,让旅客"朝后站"的做法更是值得称赞!

第一节
应急设备标识

客舱应急设备是指飞机在应急情况下,为了避灾、逃生及救护,供客舱乘务员和旅客使用的设备的总称。它是在事故发生时,降低事故给旅客造成伤害的重要技术措施。应急设备标识,如表5-1所示。

第五章　客舱应急设备

表 5-1　应急设备标识

图　示	中文名称	英文名称
	手电筒	FLASH LIGHT
	紧急医疗药箱	EMERGENCY MEDICAL KIT
	急救药箱	FIRST AID KIT
	出口指示灯	EXIT
	人工释放工具	RELEASE TOOL
	救生包	SURVIVAL KIT
	带有逃生绳的出口通道	EXIT PATH WITH ESCAPE STRAP
	带有撤离滑梯的出口通道	EXIT PATH WITH ESCAPE SLIDE
	救生筏/船	LIFE RAFT
	紧急发报机	EMERGENCY LOCATOR TRANSMITTER(ELT)

089

续表

图示	中文名称	英文名称
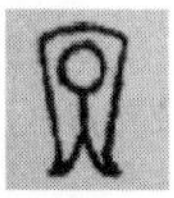	救生衣	LIFE VEST
	防护手套	PROTECTIVE GLOVES
	防烟镜	SMOKE GOGGLES
	斧子	CRASH AXE
	麦克风	MEGAPHONE
	指挥棒	BATON
	二氧化碳灭火器	CO_2 EXTINGUISHER
	水灭火器	WATER EXTINGUISHER
	干粉灭火器	DRY CHEMICAL EXTINGUISHER
	海伦灭火器	BCF EXTINGUISHER
	手提氧气瓶	PORTABLE OXYGEN BOTTLE
	带有防烟面罩的手提氧气瓶	PORTABLE-OXYGEN BOTTLE WITH SMOKE MASK ATTACHED

续表

图示	中文名称	英文名称
	一次性氧气面罩	DISPOSABLE OXYGEN MASK
	氧气面罩	FACE OXYGEN MASK
	防烟面罩	SMOKE HOOD(PBE)
	没有撤离滑梯的出口通道	EXIT PATH WITHOUT ESCAPE SLIDE

第二节 应急设备的使用和注意事项

一、旅客的供氧气系统

供氧气系统是旅客用于吸氧的工具,当座舱高度达到 14000 英尺时,氧气面罩会自动脱落。

1. 位置

旅客氧气面罩位于每一排旅客座椅上方、卫生间的马桶上方的天花板处氧气储藏室内和乘务员座椅上方的氧气面罩储藏室内。

2. 供氧方式

(1) 自动方式 当客舱释压后,氧气面罩储藏室的门自动打开,氧气面罩自动脱落。

(2) 电动方式 当自动方式失效或在任何高度层,操作驾驶舱内的一个电门,氧气面罩储藏门也能打开,氧气面罩脱落。

(3) 人工方式 当自动和电动都无法打开氧气面罩储藏室的门时,可由人工方式使用尖细的物品,例如:笔尖、别针、发卡等打开氧气面罩储藏室的门,使氧气面罩脱落。

3. 氧气的提供

(1) 旅客供氧系统的氧气来源

① 由氧气面罩储存室内的化学氧气发生器提供的。

② 由飞机货舱内大的固定氧气瓶提供的。

(2) 供氧系统的使用方法

①当氧气面罩脱落后，用力向下拉动氧气面罩。

②将面罩罩在口鼻处，松紧带戴在头上。

③调整好松紧带长度，进行正常呼吸。

(3) 使用时应注意的问题

① 必须拉动面罩才有氧气流出，拉动一个氧气面罩可使该氧气面罩储藏箱内所有的面罩都有氧气流出。

② 氧气面罩不能作为防烟面罩使用。

③ 化学氧气发生器工作时，不要用手触摸，以免烫伤；氧气流动时间为12分钟，不能关闭，使用过程中禁止吸烟。

④ 用完后要填写客舱故障记录。

二、手提式氧气瓶

手提式氧气瓶主要供飞行中遇到突发的危重病人时和乘务员在紧急情况下使用。

1. 容量

飞机上的氧气瓶容量分为三种：311升、120升和60升。

2. 供氧方式

氧气瓶上有两个氧气流量出口，这两个氧气流量出口分别为高流量出口和低流量出口。

(1) 高流量出口（HI） 每分钟流出4升，分别可使用77分钟/30分钟/15分钟。

(2) 低流量出口（LO） 每分钟流出2升，分别可使用155分钟/60分钟/30分钟。

3. 使用方法

(1) 双出口氧气瓶

① 取出手提式氧气瓶。

② 根据需要选择一个流量出口并打开其防尘帽。

③ 插上氧气面罩。

④ 逆时针打开供氧开关。

⑤ 检查氧气袋是否充满氧气。

⑥ 戴上氧气面罩。

(2) 单出口氧气瓶（POCA氧气瓶，图5-2、图5-3，见后文彩插）

① 逆时针旋转开关，打开氧气瓶。

② 开关打开后，观察窗会出现"2"或"4"的字样，"2"为低流量，"4"为高流量；选择需要的流量，确保相应的数字完全出现在观察窗内。

③ 检查氧气面罩有无氧气流出。

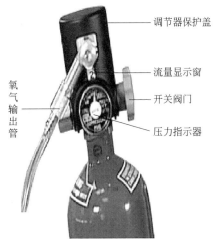

图 5-2 单出口氧气瓶

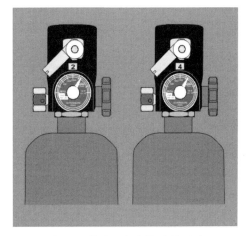

图 5-3 单出口氧气瓶流量显示

④ 将面罩完全罩在使用者的口鼻上。

⑤ 使用完毕后,将开关顺时针旋转,直至观察窗出现指示为止。

4．注意事项

① 不要碰撞氧气瓶。

② 避免氧气与油脂类物品接触,擦掉浓重的口红或唇膏。

③ 用氧周围 4 米之内不能吸烟或有明火。

④ 当压力表指针指示为 500 磅力/平方英寸（1 磅力/平方英寸＝6.895 千帕）时,应停止使用,以便再次充氧。

⑤ 肺气肿患者使用低流量。

⑥ 氧气开始流动时,氧气指示标志由白色变成绿色。

5．飞行前检查

① 在规定的位置固定放好。

② 压力表指针指示在 1800 磅力/平方英寸（红色区域）,开关阀应在"关"位置,日期应在有效期内。

③ 配有包装完好的氧气面罩与氧气瓶放在一起。

三、灭火器

1．手提式海伦灭火器

手提式海伦灭火器,见图 5-4,见后文彩插。

（1）适用范围：任何类（A、B、C、D 类）的火灾。

（2）使用方法

① 垂直拿起灭火器。

② 快速拔下环形保险销。

③ 握住手柄和触发器,喷嘴对准火源底部边缘。

图 5-4 手提式海伦灭火器

④ 平行移动灭火器，喷向火的底部边缘。

（3）注意事项

① 海伦灭火器喷出的是雾，但很快被气化了，而这种气化物是一种惰性气体，它可以隔绝空气将火扑灭，表层的火很快被扑灭后，里层仍然有余火，随后应将失火区域用水浸透。

② 当拿起灭火器时，不要横握或倒握。

③ 不能用于人身上的火，防止造成窒息。

④ 喷射距离是距火源2～3米（10英尺）。

⑤ 喷射时间是大约10秒钟（A340-300飞机大约7秒钟）。

（4）飞行前的检查

① 是否放在指定位置并固定好。

② 安全销是否穿过手柄和触发器的适当位置。

③ 黄色的压力指针指向绿色区域。

2．手提式水灭火器

手提式水灭火器，见图5-5，见后文彩插。

（1）适用范围　适用于一般性火灾的处理（A类），例如：纸、木、织物等。

（2）使用方法

① 向右转动手柄。

图5-5　手提式水灭火器

② 垂直握住瓶体。

③ 按下触发器，喷嘴对准火源底部边缘，移动灭火器，喷向火的底部边缘。

（3）注意事项

① 不能用于电器和油类火灾。

② 瓶体不要横握或倒握。

③ 瓶内装有防腐剂，不能饮用。

④ 喷射距离是距火源2米。

⑤ 喷射时间是40秒钟。

（4）飞行前的检查

① 在指定位置并固定好。

② 铅封处于完好状态，无损坏。

3．16磅海伦灭火器

（1）适用范围与手提海伦灭火器相同。

（2）注意事项

① 此种灭火器一般用于大面积失火和主货舱内失火。使用时应根据火势，如果需要延伸管，应首先迅速接好延伸管。

② 喷射距离是距火源2～3米。

③ 喷射时间是大约 12 秒钟。

（3）飞行前的检查与手提式海伦灭火瓶相同。

4. 16 磅水灭火器

其结构及使用方法与 16 磅海伦灭火器相同，适用范围同手提式水灭火器。

四、卫生间的灭火系统

1. 烟雾报警系统

烟雾报警系统（图 5-6）可以及早地发现突发的火情并自动发出警告，它包括烟雾探测器和信号显示系统。

（1）烟雾探测器　烟雾探测器安装在洗手间内顶部，当洗手间内的烟达到一定浓度时通过它的感应器传给信号显示系统。

（2）信号显示系统　信号显示系统位于烟雾传感器的侧面，通过烟雾探测器的感应传给信号显示系统，当烟雾达到一定浓度时，信号系统的红色指示灯闪亮，并发出刺耳的叫声，同时卫生间外部上方琥珀色灯闪亮。

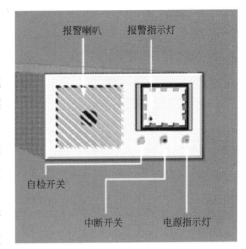

图 5-6　烟雾报警系统

当需要关断信号系统时，按下按钮（传感器侧面）即可截断声音，关闭指示灯。

（1）B777 飞机烟雾报警系统一旦启动，相应的警告会在 CMS 上显示。

（2）A319—100 和 A320—200　烟雾达到一定浓度时，警告传给 CIDS 在 FWD 乘务员面板，区域呼叫面板上显示，并发出刺耳的叫声（每 30 秒钟，在客舱的所有扬声器响起三声低音谐音）。

① 前乘务员控制面板(FAP)上红色"LAV"指示灯闪亮。

② 区域乘务员呼叫面板(ACP)上的琥珀色指示灯闪亮。

③ 乘务员指示面板（AIP）上显示卫生间的位置。卫生间外部上方琥珀色灯闪亮。

④ 当需要切断警告声音时，可按下 FWD 乘务员面板上的"RESET"键，AIP 和 ACP 上的警告显示才会熄灭。

（3）ATR—72 飞机烟雾报警系统一旦启动，卫生间内的扬声器会自动发出连续不断的报警声，在乘务员指示面板上"SMOKE LAV"的指示灯亮。

2. 自动灭火系统

在每个洗手池下面都有一个自动灭火装置（图 5-7，见后文彩插），每个灭火装置包括一个海伦灭火器和两个指向废物箱的喷嘴，当达到很高温度时，两个喷嘴

图 5-7　自动灭火装置

将向废物箱内喷射海伦灭火剂。

（1）自动灭火装置工作原理（图5-8） 通常情况下，温度显示器为白色，两个喷嘴用密封剂封死，当环境温度达到77～79℃时，温度显示器由白变成黑色，喷嘴的密封剂自动熔化，灭火器开始喷射，当灭火剂释放完毕后，喷嘴尖端的颜色为白色。A340-300飞机卫生间自动灭火系统指针在绿色区域为正常。

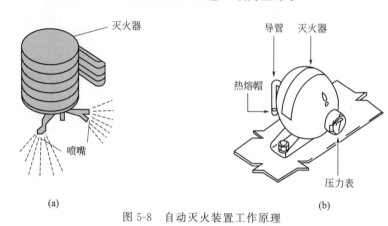

图5-8 自动灭火装置工作原理

（2）使用时间 喷射时间为3～15秒。

（3）飞行前的检查 检查温度指示器是白色，如果不是白色，要立即报告机长或地面机务人员。

五、防烟面罩

防烟面罩（图5-9，见后文彩插）是供机组人员在客舱封闭区域失火和有浓烟时使用的，它可以保护机组人员或灭火者不受烟雾、毒气的伤害，如眼睛和呼吸道不受火和烟的侵害。

1. 重量

白色盒子重约1.5千克；绿色盒子1.7千克。

2. 氧气的提供

氧气是靠防烟面罩上的化学氧气发生器提供的，当拉动调整带触发拉绳被断开后，发生器中的化学元素发生了化学反应并释放出热量，使化学氧气发生器中的温度上升并与使用者呼出的二氧化碳反应，化学发生器开始工作，产生氧气。

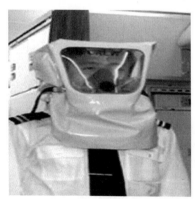

图5-9 防烟面罩

3. 使用时间

15分钟（平均为15分钟，呼吸快时可能有灰尘感和咸味，时间相对要短一些）。

4. 特点

① 戴上面罩后可以通过面罩前部的送话器与外界联系。

② 当氧气充满面罩时，面罩应为饱满的状态；当氧气用完后，由于内部压力减小

面罩开始内吸，应学会辨别这种状况。

5．使用方法
① 打开包装盒。
② 取出防烟面罩并展开。
③ 撑开密封胶圈（大小与头同大）。
④ 戴上防烟面罩。
⑤ 整理面罩位置。
⑥ 系紧固定拉绳，拉动触发绳。
⑦ 开始供氧。

6．飞行前的检查
① 确认防烟面罩固定在指定的位置。
② 确认包装盒未被打开。
③ 确认外包装铅封完好。

7．使用时应注意的问题
① 必须在无烟区穿好。
② 头发必须全部放入面罩内，衣领不要卡在密封胶圈处。
③ 当呼吸困难时，可能是氧气用完或穿戴不当。
④ 当面罩开始内吸时，使用时间已到，应迅速到安全区摘下面罩。
⑤ 如果戴着眼镜使用，戴好后要在面罩外面整理眼镜位置。

六、应急定位发报机

应急定位发报机是在飞机遇险后，向外界发出救生信号时使用的。应急定位发报机是自浮式双频率电台，电台发射频率为民用 121.5 兆赫和军用 243 兆赫的调频无线电信号。这些频率是国际民航组织通用遇难时发出求救信号的频率。紧急情况发生后，将发报机扔入海水或水里，它便自动开始工作，使用时间为 48 小时。

1．种类一：RESCU406S/406SE 型发报机

RESCU406S/406SE 型发报机，见图 5-10（见后文彩插）、图 5-11 所示。

（1）水上使用方法
① 取下发报机的套子。
② 将尼龙绳的末端系在救生船上，然后将发报机投入水中，并使发报机与船保持与尼龙绳一样的长度。
③ 天线自动竖起后，开始发报。

（2）陆地使用方法
① 取下发报机的套子或袋子。
② 解开尼龙绳，割断水溶固定带，拨直天线。
③ 将水装入袋内，不超过标志线。

图 5-10　应急定位发报机

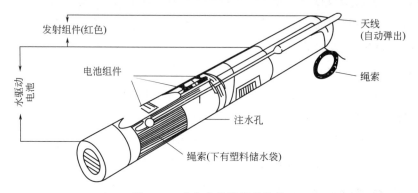

图 5-11　应急定位发报机结构

④ 把发报机放入袋内。

⑤ 发报机开始工作。

（3）应注意的问题

① 在海水中，5 秒钟后即可发报，在淡水中要 5 分钟后才发报。

② 袋内或套内，只能放水、咖啡、果汁或尿，不能放入油。

③ 陆地使用时，周围不能有障碍物，不要倒放或躺放。

④ 每次只使用 1 个。

⑤ 有一个塑料袋存放在发报机尼龙绳下面。

⑥ 关闭时，将发报机从水中取出，天线折回，躺倒放在地上。

2. 种类二：ADT406S 型发报机

ADT406S 型发报机，见图 5-12（见后文彩插）、图 5-13 所示。

（1）使用方法

① 遇水触发

a. 当飞机应急迫降后，松开尼龙缚带。

b. 将应急定位发报机从支架上取下，伸直天线。

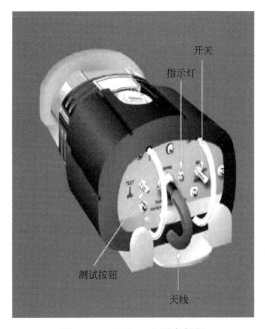

图 5-12　ADT406S 型发报机

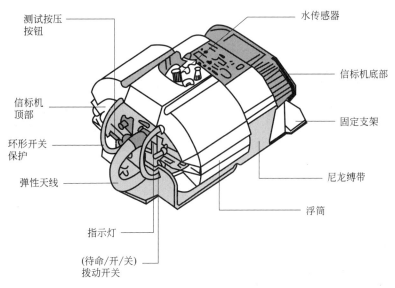

图 5-13　ADT406S 型发报机结构

c. 在将应急定位发报机浸入水中之前，确认应急定位发报机开关在 ARMED 位。指示灯和声音表示应急定位发报机触发。

② 人工触发（水触发失效或找不到水源的情况下）

a. 当飞机应急迫降后，松开尼龙缚带。

b. 将应急定位发报机从支架上取下，将应急定位发报机开关放置在 ON 位（拉并滑动）。

c. 应急定位发报机自动开始测试，指示灯闪亮后，熄灭。指示灯和声音表示应急定位发报机触发。

(2) 注意事项

① 应急定位发报机传递信号的最佳状况是悬浮在水中（如果在船上使用应急定位发报机，先将应急定位发报机上的绳索绑在船上）。

② 使用时间：至少 48 小时。

③ 使用范围：卫星接收，全球范围。

④ 任何一种形式的触发，应确保天线展开，天线应处于垂直的状态并处于空旷的区域，远离任何金属片。

七、救生衣

救生衣是供海上撤离时使用的。机组的救生衣是红色（图 5-14，见后文彩插），旅客的救生衣是黄色（图 5-15，见后文彩插）。救生衣位于各自的座椅下的口袋里或扶手内。

图 5-14　机组的救生衣

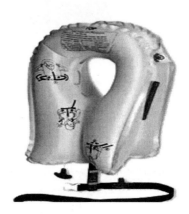
图 5-15　旅客的救生衣

1. 成人救生衣的使用方法

(1) 取出救生衣，经头部穿好。

(2) 将带子扣好系紧。

(3) 拔掉电池上的铅封。

(4) 打开充气阀门。

(5) 充气不足时，拉出人工充气管，用嘴向里吹气。

(6) 使用时应注意的问题

① 当用手按住人工充气管的顶部，气会从充气管内放出。

② 除非救生船已坏，否则不要尝试穿救生衣游泳。

③ 不能自理、上肢残疾的旅客及其他成人旅客的救生衣在离开飞机，上船前充气。

④ 未成年旅客的救生衣在离开座位时充气。

2. 儿童救生衣使用方法

儿童救生衣使用方法，见图 5-16，见后文彩插。

图 5-16　救生衣使用方法

（1）使用方法　儿童救生衣与成人救生衣使用方法相同。

（2）成人救生衣给儿童穿戴时的方法　取出救生衣；把带子放在两腿之间；将救生衣经头部穿好；将带子扣好、系紧；拔掉电池上的铅封；打开红色充气阀门；充气不足时，拉出人工充气管用嘴向里吹气。

（3）使用时应注意的问题　不要穿反。

3. 婴儿救生衣使用方法

婴儿救生衣，（图 5-17，见后文彩插）通常与成人救生衣放在一起，位于有婴儿摇篮插孔的座椅下。使用时取出，经头部穿好并将胳膊固定在救生衣上，将绳子的一端固定在成人的救生衣上。

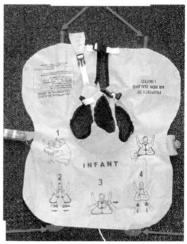

图 5-17　婴儿救生衣

八、防火衣

防火衣（图 5-18，见后文彩插）位于 B—747COMBI 飞机 L4 门上方的储藏箱内，在主货舱失火时，供兼职消防员救火时使用。在进入火场前，应穿好防火衣，并将其完全扣好后再进入火场。防火衣可保护灭火者的四肢和躯干不受火的侵害。

图 5-18　防火衣

图 5-19　石棉手套

图 5-20　防烟眼镜

九、石棉手套

石棉手套（图 5-19）位于驾驶舱内或 B—747COMBI 飞机 L4 门上方的储藏箱内，在驾驶舱失火时，供驾驶员保持操纵飞机时使用，或主货舱灭火时供兼职消防员使用，具有防火隔热作用。

十、防烟眼镜

防烟眼镜（图 5-20）主要用于驾驶时保护眼睛不受伤害，保证飞行员继续飞行。使用时要注意保证眼镜的密封边紧贴在眼部和整个面部氧气面罩边缘，固定用橡胶带套在脑后和氧气罩一起戴在脸上。

十一、应急照明

1. 手电筒

手电筒（图 5-21）用于指挥、搜索、发布求救信号等。

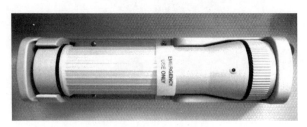

图 5-21　手电筒

（1）使用有电量指示灯的手电筒

① 从储藏位置取下后，自动发光，能使用约 4.2 小时。用后把断路开关嵌入支架，使之复位，否则，电池将被耗光。

② 飞行前的检查：确认手电筒在指定的位置并固定好；确认电源显示红色灯 3～5 秒闪亮一次。如果闪亮时间间隔过长，可能没有电，应请地面机务人员更换电池。

(2) 使用干电池手电筒

① 从储藏位置取下，按下按钮灯即亮，如灯暗，表明电量不足。

② 用完后关掉电源，放回储藏位置。

2. 应急灯

(1) 自动方式　当驾驶舱内应急灯开关放在"ARMED"位置时，一旦飞机电源失效，所有飞机内部和飞机外部的应急灯自动接通，应急照明可持续 15～20 分钟。

(2) 人工方式

① 当驾驶舱的应急灯开关放在"ON"的位置时，所有应急灯都会亮。

② 当乘务员控制面板上的应急灯开关放在"ON"的位置时，所有应急灯也会亮，并可操控驾驶舱。通常情况下应放在"NORMAL"的位置。

(3) 飞行前的检查　测试应急灯开关放在"NORMAL"的位置，测试开关在乘务员控制面板上，测试时，连续 2～3 个应急灯不亮时，飞机不能放行。

十二、安全带

安全带是安装在座椅上的一套安全设备。在飞机滑行、起飞、颠簸、着陆的过程中以及"系好安全带"灯亮时，所有人员都必须系好安全带。

1. 成人安全带

成人安全带，图 5-22 所示。是供正常的成年人使用的安全带。

2. 婴儿安全带

图 5-22　成人安全带

婴儿安全带，图 5-23 所示。是供两岁以内的未成年人使用的安全带。

图 5-23　婴儿安全带

图 5-24　乘务员的安全带

3. 乘务员的安全带

乘务员的安全带，图 5-24 所示。

① 是由腰部安全带和肩部安全带组成。

② 乘务员折叠座椅下部都有弹簧负载使其成垂直位置并装有限制装置。

③ 腿部有安全带的固定器，在每个带子顶端装有惯性的卷轴肩带，在每个带子靠近腰部处装有金属调节扣，可用来调节与腿部安全带相连的肩带。

④ 只有指定的机组人员才可以坐在折叠座椅上。

⑤ 收好安全带，防止带子损坏及紧急情况下阻挡出路。

4．加长安全带

是为了延长正常安全带长度而接在座椅安全带上的带子，专门供给标准座椅安全带长度不够用的旅客使用。要注意的是，必须与该机型飞机上的乘客安全带相匹配，不用于乘务员折叠座椅。

十三、麦克风

麦克风（图 5-25，见后文彩插）用于在应急情况下指挥旅客的广播系统。可以在客舱内外使用。使用时将麦克风取下，将喇叭面向乘客，按下送话键。

图 5-25　麦克风

十四、应急救生斧

应急救生斧（图 5-26）是在紧急情况下清理障碍物及灭火时使用，可用于劈凿门窗、舱壁。应急救生斧手柄包着橡胶绝缘材料足以耐 2400 伏电压，以防止与电线接触时遭电击。刀口有一个防护套，以防不使用时伤人。

十五、安全演示包

① 乘客救生衣、氧气面罩、安全带、"安全须知卡"。

② 注意飞行前检查是否在指定位置，包内物品齐全。

第五章　客舱应急设备

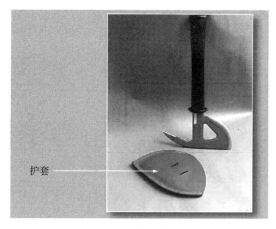

图 5-26　应急救生斧

十六、紧急出口

1. 舱门

即地板高度出口，装有滑梯或滑梯/救生船。

2. 应急窗

即非地板高度出口（部分应急窗附带有滑梯装置）。

十七、滑梯

1. 单通道滑梯

单通道滑梯，见图 5-27 所示。

（1）用途　用于陆地迫降，水上迫降时可拆卸翻过来作为浮艇。

（2）操作方法

① 充气：通常可自动充气，自动充气失效时，拉地板上的红色人工充气手柄。

② 拆卸：掀开地板上的盖布，拉出白色断开手柄。割断系留绳，使之与机体完全脱离。

图 5-27　单通道滑梯

③ 注意：飞行前必须检查滑梯的压力。滑梯充气不足或不充气时，可使用滑梯底部两侧的手柄使之展开，作为软梯使用。

2. 双通道滑梯

（1）双通道滑梯（图 5-28）用途　在陆地迫降时作为撤离滑梯使用，在水上迫降时作为救生船使用。

（2）操作方法

① 充气：通常门打开后，滑梯即自动充气。自动充气失效时，拉地板上的红色人工充气手柄。

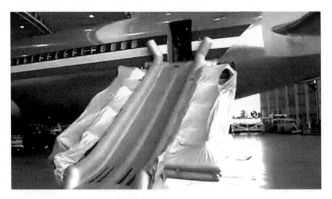

图 5-28 双通道滑梯

② 拆卸：掀开地板上的盖布，拉出白色断开手柄。割断系留绳，使之与机体完全脱离。

③ 注意：飞行前必须检查滑梯的压力。滑梯充气不足或不充气时，可使用滑梯底部两侧的手柄使之展开，作为软梯使用。

十八、急救药箱

1. 机上急救药箱使用规定

机上急救药箱使用规定，见图 5-29 所示（见后文彩插）。

图 5-29 急救药箱

（1）每架飞机在载客飞行中急救箱的数量不得少于规定，如表 5-2 所示。

表 5-2 急救箱配备数量

旅客座位数/位	急救箱数量/个	旅客座位数/位	急救箱数量/个
0~50	1	151~250	3
51~150	2	250 以上	4

（2）急救箱应均匀地放在飞机上指定的位置。

（3）每只急救箱应当防尘、防潮。

（4）每只急救箱内至少配备下表所列医疗用品，如表5-3所示。

表5-3 急救箱内配备的医疗用品

项 目	数 量	项 目	数 量
绷带,5列	10卷	腿部夹板	1付
消毒棉签	20支	绷带,3列	4卷
敷料,10厘米×10厘米	8块	胶布(1厘米,2厘米)	各1卷
三角巾	5条	剪刀	1把
外用烧伤药膏	3支	橡胶手套或防渗透手套	1付
手臂夹板	1付		

2. 使用

① 在机上出现外伤或需用其中用品时应取用。

② 经过急救训练的乘务人员、在场的医务人员或经专门训练的其他人员均可打开并使用此药箱内物品，但非本航班乘务员在开箱时应出示相关的证书、证件。

③ 用后要做好相应记录，一式两份，要有乘务长或机长签名，应将记录单交使用人一份，一份留在箱内上交航卫中心。

十九、应急医疗箱

每架飞机在载客飞行时应当至少配备一只应急医疗箱，存放在机组人员易于取用的位置，应急医疗箱应当妥善存放于能够防尘、防潮、防损坏的位置。

每只应急医疗箱内应当至少配备表5-4中所列医疗用品和物品。

表5-4 应急医疗箱内配备的医疗用品和物品

项 目	数 量
血压计	1个
听诊器	1只
人造口烟气道（三种规格）	各1支
一次性注射针头	4支
50%葡萄糖注射液	60毫升
1∶1000肾上腺素单次用量安瓿或等效量	2支
盐酸苯海拉明注射液	2支
硝酸甘油片	10片
去痛片	20片
颠茄片	20片
盐酸小檗碱（黄连素）	24片
皮肤消毒剂	100毫升
消毒棉签	40支
箱内医疗用品清单和药物使用说明	1份

2. 使用

① 只要机上有急重伤病旅客，乘务员应广播找医务人员帮助，应出示医用药箱内容物品名称、用法一览表供医务人员使用。

② 当医务人员要求打开并使用其内物品时，应确认并记录证明该人为医务人员身份。

③ 使用医用药箱后，应一式三份作好使用记录，并在相应位置请机长、使用医生和乘务人员分别签名。

④ 将医用药箱使用登记表一份送到达站的有关部门，一份交使用药箱的医生，另一份留在医用药箱内上交航卫中心作统计。

二十、救生船

1. 救生船的用途和使用方法

救生船的用途和使用方法，见图 5-30（见后文彩插）所示。

图 5-30 救生船

① 用于水上迫降时撤离乘客。

② 救生船重量最少为 50～64 千克。

③ 两个充气管分别位于船的上下两侧。

④ 断开手柄、人工充气手柄、缠绕好的系留绳，位于包装袋上一块颜色明显的盖布上。

⑤ 救生包系在展开的船上，由一根绳子连接着漂浮在水中，撤离时必须将其拉入船上。

2. 救生船内的设备

救生船上所有设备（图 5-31）都有标牌以便迅速识别。不使用时，设备必须储藏并固定在船上，以防丢到船外。

救生船及其附属设备维护说明如表 5-5 所示。

（1）顶棚

第五章 客舱应急设备

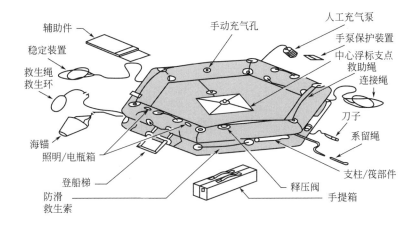

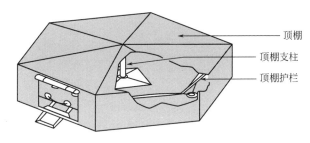

图 5-31 救生船内设备

① 从救生包中取出顶棚和支撑杆（图 5-32）。

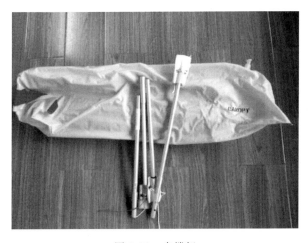

图 5-32 支撑杆

② 将顶棚支撑杆插好并固定。

③ 将救生船定位灯露出顶棚。

④ 确定顶棚拉链式的开口在登船位，支撑杆穿入顶棚上的孔中将顶棚支起来，从逆风一侧开始撑，以便在大风天气控制顶棚。

⑤ 用索扣或小绳子将顶棚与船固定好。

109

⑥（圆形船）将中央支撑杆的接头接好，将支撑杆插入救生船顶棚顶部的支撑孔或支撑杆固定位并固定好，再将支撑杆插入底部的支撑孔处并固定好。

（2）海锚（图 5-33，见文后彩插）

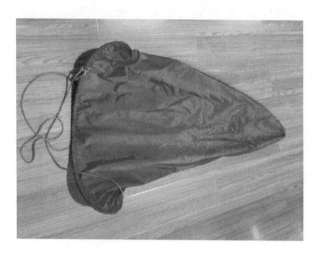

图 5-33　海锚

① 它是一个小的伞状尼龙织物，系在船的外侧边缘，它的位置在船身上有标记。

② 在一些救生船上它是自动抛放的，另一些救生船上则必须把它从袋中取出然后人工抛出。

③ 为便于营救，应将船与船连接后停泊在飞机附近。

④ 抛锚时应在救生船逆风一侧，以减少救生船在水上的漂荡、打转。

（3）钩形小刀

① 安装在系留绳旁。

② 用来割断系留绳，将船与飞机脱离开。这项工作必须在乘客撤离结束后尽可能早些完成，以防止接触到尖锐的金属残片或溅出的燃油。

（4）救生绳

① 救生船上连接一个带有橡皮环的缆绳。

② 用来营救落水乘客或将救生船与救生船连接起来。

（5）定位灯

① 与救生衣上的指示灯一样是利用水驱动电池工作的。

② 位于登船位附近用以帮助乘客从水中登上救生船。

③ 灯光可以帮助营救人员在狂风暴雨中识别救生衣。

（6）人工打气泵（Hand Pump）（图 5-34）

① 用来给救生船气囊充气不足时充气。

② 插入或拧入阀门。如是拧入的，在充气前阀门必须转到打开位置，在拆下气泵时阀门应在关闭位置。

③ 关闭时应逆时针旋转。

图 5-34 人工打气泵

(7) 救生包（表 5-6、表 5-7）

表 5-5 救生船及其附属设备维护说明

名 称	位 置	用 途	使用方法
救生包 Survival Kit	位于救生船内或救生船头	用于迫降后的求救和救生	按物品说明书使用
顶棚 Canopy	救生船内外或救生包内	用于海上迫降时遮风挡雨、防寒、防晒同时可作为求救信号	打开顶棚，对号与顶棚柱连接并固定
顶棚柱 Canopy Pole	位于救生船内、船体上或救生包内	用于支撑顶棚，加大船内空间	按各机型救生船设备说明书使用
海锚 Sea Anchor	位于救生船头	用于救生船的稳定	到达安全区后在风上侧，抛出海锚
连接绳 Mooring Line	位于救生船头	用于救生船之间的连接	按各机型救生船设备说明书使用
刀子 Hook Knife	位于救生船头左侧	用于割断救生船与飞机的系留绳	
救生绳 Heaving Line	位于救生船尾左侧	用于救助落水者	将救生绳和救生环抛入水中，落水者可抓住救命环
救生环 Heaving Ring	位于救生绳上	用于救助落水者	救助者也可将救生环套在自己的肩上跳入水中，营救落水者
（内、外）救助绳 Live Line	位于救生船身内、外两侧	用于在船上或水中移动时当扶手使用	
人工打气泵 Hand Pump	位于救生船头	用于为救生船补气使用	将打气泵旋入充气孔，用手向里压气
充气孔 Inflate Valve	位于救生船头	用于为救生船补气使用	
登船口 Boarding Station	位于救生船头和船尾或船体边上	用于登船时使用	
登船梯 Boarding Ladder	位于救生船头和船尾或船体边上	用于登船时使用	

续表

名 称	位 置	用 途	使用方法
定位灯 Locator Light	位于救生船头和船尾	用于海上迫降时,显示救生船的位置	
通风窗口 Windows	位于顶棚上	用于海上迫降时,可使船内空气流通	将拉链拉开即可通风
应急定位发报机 E. L. T	位于救生船头或船体边上	用于追降后,发出求救信号	将发报机上的连接绳与船体连接,抛入水中

表 5-6 救生包内的物品

名 称	用 途
生存指南 SURVIVAL BOOK	幸存者的生存指南
救生船说明书 RAFT MANUAL	救生船上设备的使用
急救箱 FIRST AID KIT	急救时按说明书使用
压缩食品 FOOD	用于食品补充
饮用水 WATER	用于淡水的补充
水桶 BAILING BUCKET	清理船中的积水
海绵 SPONGE	吸收船中的积水
修补包 REPAIR KIT	修补船的漏洞
海水手电筒 FLASH LIGHT	照明、发求救信号
反光镜 SIGNAL MIRROR	发求救信号
信号筒 FLARE KIT	发求救信号
哨子 WHISTLE	集合、联络、发信号
海水着色剂 DYE MARKER	发求救信号
桨 OAR	划水
手套 GLOVES	发求救信号时使用
备份绳子 SPARE CORD	根据情况使用
驱除鲨鱼药剂 SHARK CHASER	驱除鲨鱼
指南针 COMPASS	判断位置、方向
火柴 MATCHES	取火
渔具 FISHING KIT	钓鱼
刀子 KNIFE	切割物品
蔗糖 SUCROSE/CANDY	为低血糖旅客补充糖分

表 5-7 救生包内的药品

中文名称	英文名称
氨吸入剂	Ammonia inhalants
烧伤药膏	Tube Burn Ointment
眼药膏	Tube Eye Ointment

续表

中文名称	英文名称
唇膏	Lip Stick
消毒棉擦	Antiseptic Swabs
水净化药片	Water Purification Tablets
晕海宁	Sea Sickness Tablets
1英寸×3英寸创可贴	1 Inch×3 Inch Band-aids
2英寸止血绷带	2 Inch Compress Bandages
4英寸止血绷带	4 Inch Compress Bandages
三角巾	Triangular Bandages

1) 救生船说明书/生存指南

① 救生船及其附属设备维护说明。

② 详细的求生说明。

2) 急救箱

① 氨吸入剂；

② 烧伤药膏；

③ 眼药膏；

④ 唇膏；

⑤ 消毒棉擦；

⑥ 水净化药片：可净化淡水，1瓶（50片）；净化1升水，正常1片+10分钟，很凉或很脏的水，2片+20分钟。

注意事项：净化淡水，无脱盐功能；水净化药片不能直接吞服。

⑦ 晕海宁

成人使用：间隔4～6小时，每次1～2片（50～100毫克），24小时内不能超过8片；儿童（6～12岁）使用：间隔6～8小时，每次1/4～1/2片（12.5～25毫克），24小时内不能超过1.5片（75毫克）。

⑧ 1英寸×3英寸创可贴；

⑨ 绷带及胶布：2英寸止血绷带；4英寸止血绷带；三角巾；防水胶。

3) 饮用水

① 用于淡水的补充。

② 许多救生包中都装有几升的饮用水。

③ 若带有罐装饮用水必须备有开罐工具。

4) 海水手电筒

① 用于照明，发求救信号。

② 靠电池工作时利用开关或灌入海水/盐水中接通。

③ 在15千米的海域内可以看到亮光。

④ 当光减弱时，可以加入海水或盐水，继续使用。

5）反光镜（图 5-35）

图 5-35 反光镜

① 用途：用来向过往的飞机和海上的船只反射太阳光，镜面上反射光的视程可超过 23 千米；反光镜可反复使用，若是在白天连续使用，可以给船上的人员互相传用；拴在镜角上的绳子必须在手上套好，以免掉入水中。

② 操作：将太阳光从镜子上反射到一个近旁的表面；渐渐将镜子向上移到眼睛水平处并通过观察孔观看到一个光亮点，这就是目标指示光点；慢慢地转动身体调节镜子方向使目标指示光点落在目标上。

6）信号筒（图 5-36，见后文彩插）

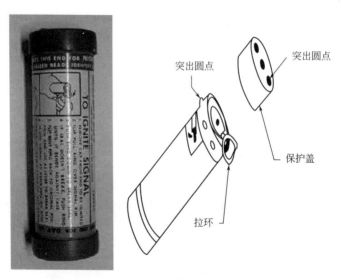

图 5-36 信号筒

① 用途

a. 单筒双端发射求救信号。

b. 白天发射的一端盖面上摸起来是平滑的。弹筒内喷射出明亮的橘黄色或橘红色烟雾，晴朗无风的天气可以在 12 千米外看到，烟雾可持续大约 20～30 秒。

c. 夜间发射的一端是通过保护盖上的几个突出圆点区分的。信号筒喷射出闪亮的红色光柱，晴朗的夜晚可以在 5 千米外看到，光亮持续大约 20～30 秒；只有在飞机或船确实可以被看到或接近时才发射信号弹。

② 操作方法（弹壳体外印有说明书）

a. 确认准备要使用的一端。

b. 把烟火信号筒高举到救生船/筏的下风侧的水面上，这样可以防止烟火烧坏救生船，并熏伤救生船乘员。

c. 把烟火信号筒的盖子打开，用拇指或手钩住 D 型环，拉出信号弹中环形导火线引燃信号弹。

d. 使用完毕，把用过的一端浸入水中。冷却后，把烟火信号筒中未使用的部分放回救生包，以备将来使用。

③ 使用注意事项

a. 使用时建议戴上手套。

b. 只有在确实看见或听见有飞机或船只经过或正接近时，才释放烟火信号筒。

c. 陆地迫降时，应在高的开阔地带使用；水上迫降时，在船的风下侧握住信号弹伸出船外（水面上方），防止热的燃屑烧坏救生船并防止信号弹的烟雾吹向船上的人员。

图 5-37 为另一种信号筒，是日用端盖子为棕色，有四条凸起的边楞；夜用端的盖子为橙红色，有八条凸起的边楞。

图 5-37　信号筒

7）哨子

哨子（图 5-38）在雾天或晚上时召唤幸存者、其他救生船或水上最近区域的船只。

图 5-38　哨子

8）海水着色剂（图 5-39）

图 5-39　海水着色剂

① 用途：只有在看到搜寻和营救人员并且海水相对比较平稳时使用；含有的化学试剂可以将救生船周围 300 米的水染成荧光绿色；绿色的荧光染料可在水中保持 2～3 小时。

② 操作：打开包装，将短绳系在救生船逆风的一方；拉下盖片释放染色剂；将染色剂扔到水中；在安静环境中，拨动海水来增大流速使染料散开；每次只使用一个染色袋。

9）修补包（图 5-40）

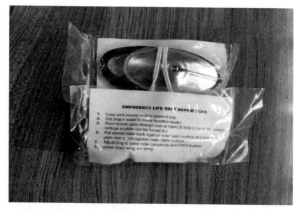

图 5-40　修补包

① 用途：修理破损的救生船的漏洞。

② 操作：松开螺丝帽，分离夹子；将手穿入线绳上的布环内；将密封盖插入船的破洞；将另一个铁盖盖在密封盖上；将螺丝帽拧紧。

10）化学安全灯棒

① 用途：向外界发出求救信号。

② 操作：取出灯棒，从中间折弯，用力摇晃，系在船外侧的绳上。使用时间约 12 小时。注意不要折断。

11）碘酒擦

使用时拨开纸套，挤捏瓶体，涂抹伤口。

12）压缩食品

用于食品补充。

13）水桶

水桶（图 5-41）用于清理船中的积水。

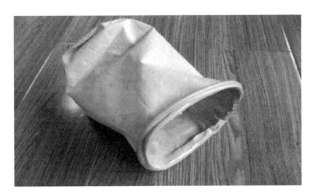

图 5-41　水桶

14）海绵

吸收船中的积水。

15）驱除鲨鱼药剂

驱逐鲨鱼。

16）指南针

判断位置及方向。

17）手套

使用信号筒时以免伤手。

18）桨

用于划水。

19）火柴

取火使用。

20）刀子

刀子（图 5-42）用于切割物品。

图 5-42　刀子

21）蔗糖

为低血糖乘客补充糖分。

22）渔具

钓鱼。

 思考题

1. 什么是客舱应急设备?
2. 手提式氧气瓶供氧方式有哪些?
3. 手提式氧气瓶在飞行前的检查内容?
4. 海伦灭火器的使用方法?
5. 防烟面罩使用时应注意的问题?
6. 成人救生衣的使用方法?
7. 手电筒在飞行前的检查内容?
8. 应急定位发报机的使用方法?
9. 急救药箱的配备与使用方法?
10. 反光镜的用法?
11. 信号筒的使用方法和注意事项?

第六章

客舱应急处置

 案例

1980年8月19日，某航班在起飞后不久，机尾部发生火灾。机长在反复询问副驾驶与机务后决定航班返航。这时客舱内一片混乱，旅客乱作一团，有从座位上站起来取行李的，有四处找出口的。乘务员想拿灭火器去灭火但被旅客阻挡无法正常实施。乘务长进驾驶舱多次询问机长是否需要做撤离准备，机长的回答是不需要撤离，没问题。

飞机在跑道上滑跑了三分钟后才停下来，救火车跟在飞机的后面一路追跑着。飞机停稳了，但是塔台却无法联系上机长，驾驶舱内没有任何回音。大火很快席卷整架飞机，301人没有一人生还。

第一节
应急撤离的基本知识

一、应急处置的基本原则

① 听从机长指挥。
② 迅速正确的判断。
③ 准备处置的措施。
④ 随机应变。
⑤ 沉着冷静。
⑥ 维持秩序。
⑦ 团结协作。

二、机组职责

世界各地曾发生过各种航空事故，其中有许多处置事故的成功典范。多数的旅客无法在没有机组人员指导和帮助的情况下迅速逃生。成功处置迫降事件的关键在于全体机组人员，尤其是乘务员在机长指挥下完成撤离的能力，这就需要每个机组人员：

1. 明确职责

在各种迫降事件中机组的基本职责都是相同的。
① 防止冲击，使机组和旅客在迫降后生存。
② 撤离飞机，令机组和旅客在迫降后迅速撤离飞机。
③ 维持生存，让迫降中的幸存者获得庇护和救助。

2. 密切配合

机组间应尽力密切配合，引导全体旅客脱离飞机。

3. 寻求帮助

信任你的同伴，在力所不及时寻求他们的帮助。机组也可以让旅客来充当机组的援

助者，让援助者协助机组完成撤离。

4．运用程序

手册中的应急程序，是一种标准程序，它有利于机组提高处置事故的效率。

5．回顾程序

这样做会令乘务员更好地自我控制，在处置事故时充分发挥能力。

乘务员在实施飞行的全过程中，应始终对可能发生的各种应急情况保持警戒。这可以尽早地发现问题，充分地估计形势，及时地作出决策，为有可能作出的迫降决定争取更多的准备时间，最终降低迫降所带来的危害。要降低无准备迫降中的伤亡率，提高撤离的速度，就必须：

（1）飞行前认真检查，尤其是对各类应急设备的检查。

（2）起飞前对旅客作安全须知的介绍。

（3）起飞和落地前作好（包括客舱与服务舱）安全检查具体包括

① 起飞前检查，应在飞机滑入跑道前完成。

② 落地前检查，应在下降信号（安全带灯）亮出后尽快完成。

③ 落地前十分钟，乘务人员必须就座，并系好安全带。

④ 飞机在任何地面移动时，旅客始终坐好并系上安全带。

⑤ 每次起飞和落地前，乘务员必须做静默30秒复查（五项）

 a．防冲击姿势。乘务员在不同座位上应采取的防冲击姿势；指导不同旅客采取防冲击姿势的口令。

 b．情绪控制。乘务员自我情绪的控制；控制旅客的情绪。

 c．判断情况。飞机是否处于会导致撤离的最严重情况（起火和烟雾、机体严重破损、发动机周围漏油、机体浸水）。机外是否安全（火、油、烟雾、障碍物、水等的影响），机门是否失效。

 d．协作配合。帮助同伴一起行动；提示同伴应采取的步骤；思考机组成员间的联络方法。

 e．组织撤离。回顾撤离的每一个步骤/程序。各种不同情况下的撤离方法（如烟雾、黑暗的环境）。撤离的不同阶段应使用的口令（如防冲击、指挥脱出、客舱检查等）。

三、报告和紧急通信

（1）飞行机组人员通常可以凭借丰富的飞行经验、先进的飞行管理系统及时了解飞机运行中发生的各类问题，然而有些情况的出现是驾驶舱机组人员所不能掌握到的，客舱中工作的乘务员却能更早地观察到这些情况。

（2）任何一名乘务员所注意到的异常情况要及时报告机长。乘务员要记住的是，永远不要低估自己的飞行经验和判断力。如果你确实没有把握判定身边所发生的状况是否危及飞行安全，那么你也可以将你的忧虑与疑惑告诉一起飞行的同伴、客舱经理/乘务长。

(3) 飞行中遭遇的这些迹象可能会导致飞机最终采取迫降措施
① 机外起火。
② 客舱出现火警或烟雾。
③ 不正常的飞机姿态（机体破损）。
④ 异常的声响和撞击。
⑤ 严重燃油泄漏。
⑥ 危及机上人员和飞机安全的其他情况。

(4) 任何一名乘务员发现以上这些迹象后，应立即将这些情况报告机长，乘务员应当采取以下步骤报告。
① 客舱机组应使用"机长优先/应急呼叫"键或连续按"机组联络"键3次或"机长"/"ALERT"键通知驾驶舱，通过飞机内话系统向驾驶舱报告。
② 如驾驶舱可接听内话，则将所发生情况的类型、位置和程度向飞行机组报告，并根据机长指示，采取行动。
③ 若驾驶舱无法接听乘务员内话，发现情况的乘务员应当向客舱经理/乘务长报告，并听取他/她的指示；客舱经理/乘务长应立即前往驾驶舱人工传递信息。
④ 注意保持与客舱经理/乘务长的联络，一旦情况恶化，立即进行撤离前的准备，直至实施撤离程序。

(5) 紧急通信联络时要注意
① 应急情况下应保证驾驶舱与客舱的通信是通畅、无误的。
② 机长在应急情况下的首要职责是组织撤离，他/她的意图应被准确地传达到乘务员处，以便应付各种情况，组织有准备或无准备的撤离。
③ 通知客舱发生应急情况（如要求乘务员应急就位）的最佳途径是通过广播来进行。
④ 机组的通信也可以通过各种灯光和声响提示的方式进行。

四、指挥体系

飞机上由机长负责飞行安全，所有人员必须听从机长指示。一旦机长或其他机组成员丧失行为能力时按以下指挥接替顺序确定指挥权接替人。
① 机长。
② 副驾驶。
③ 飞行观察员。
④ 飞行机组其他成员。
⑤ 客舱经理。
⑥ 乘务长。
⑦ 头等/公务舱乘务员。
⑧ 普通舱乘务员。

五、撤离出口的选择

根据机长指示和周围环境以及飞机着陆（水）的姿态，决定哪些出口可以使用，哪些出口不可以使用。

1. 正常陆地迫降

正常陆地迫降，见图 6-1 所示。

所有出口均可使用。

图 6-1　正常陆地迫降

2. 前轮和主轮全部折断

前轮和主轮全部折断，见图 6-2 所示。

机翼出口不能使用，因发动机触地，可能引起火灾。

图 6-2　前轮和主轮全部折断

3. 前轮折断

前轮折断，见图 6-3 所示。所有出口均可使用，但要考虑后机门离地面高度，滑梯长度能否接地。

图 6-3　前轮折断

4. 飞机尾部拖地

飞机尾部拖地，见图 6-4 所示。所有出口均可使用，但要考虑前机门离地面高度，滑梯长度能否接地。

图 6-4　飞机尾部拖地

5. 飞机侧趴，主轮一侧折断

飞机侧趴，见图 6-5 所示，主轮一侧折断。靠地面一侧的机翼出口不能使用，因发动机触地可能引起火灾。

图 6-5　飞机侧趴，主轮一侧折断

6．水上迫降

翼上出口一般不用，需要使用时，应挂好系留绳，其他出口要看飞机浸水情况而定，见图 6-6 所示。

图 6-6　水上迫降

六、选择援助者的原则

1．选择援助者的原则

① 乘坐飞机的机组人员。

② 本公司或其他航空公司的雇员。

③ 军人、警察、消防人员。

④ 身强力壮的男乘客。

2. 援助者的任务

（1）翼上出口处的援助者

1）陆地撤离时

① 观察情况，打开窗户，站在机翼上靠近出口的地方，帮助旅客撤离。

② 站在机翼底下的地方，协助旅客从翼上滑下。

③ 站在离飞机较远的地方，呼喊旅客集中在一起，不许抽烟，不许返回飞机。

2）水上撤离时

① 观察情况，打开翼上出口，协助使用救生船，把救生船搬到机翼上，投入水中使之充气，指挥旅客下水然后进入救生船。

② 进入救生船，帮助安排好旅客。

③ 站在机翼出口边，帮助旅客逃出，并告诉旅客给自己的救生衣充气。

（2）地板高度出口处的援助者

1）陆地撤离时

① 打开门后，第一个滑下飞机，站在滑梯的一侧，帮助滑下来的旅客。

② 第二个滑下飞机，站在滑梯的另一侧，帮助滑下来的旅客。

③ 第三个滑下飞机，带领并指挥脱出的旅客向集合处集中，远离飞机。

④ 站在出口的一侧，与客舱乘务员一起指挥旅客撤离。

⑤ 乘务员失去指挥能力时，帮助乘务员打开舱门，代替其指挥。

2）水上撤离时

① 打开舱门，协助乘务员搬船，第一个上船到船尾坐下，指挥上船的旅客平衡坐好。

② 第二个上船，到船的另一边坐下，指挥并帮助其他旅客。

③ 第三个上船，站在船头，帮助旅客上船。

④ 站在客舱门口左侧，招呼旅客过来，告诉旅客给自己的救生衣充气。

⑤ 站在客舱门口右侧，在乘务员失去指挥能力时，代替其指挥旅客。

七、旅客座位调整原则

① 援助者安排在出口处或需要帮助的旅客旁边就座。

② 特殊旅客安排在应急出口附近的中间座椅，同一排座椅不能同时安排两个特殊旅客。

③ 担架旅客安排在客舱最后一排。

八、锐利和松散物品的处理原则

① 取下钢笔、发夹、小刀、珠宝手势和手表，将它们放在自己的行李内。

② 假牙和眼镜放在自己外衣口袋内。

③ 解下围巾和领带，放在行李箱内。

④ 脱下高跟鞋、皮鞋、带钉子的鞋，放在行李箱内。

⑤ 不要把任何东西放在座椅背后的口袋里。

⑥ 把所有物品和行李袋放在座椅底下或行李箱内。

九、各种防冲撞姿势

1. 面向机尾方向坐的乘务员

系好肩带和腰部安全带，头紧贴在座椅靠背处，双手紧抱双肩，两脚平放用力蹬地，如图 6-7 所示。

2. 面向机头方向的乘务员

系好肩带和腰部安全带，收紧下颌，双臂紧抱双肩，两脚平放用力蹬地，如图 6-8 所示。

图 6-7　面向机尾方向坐的乘务员

图 6-8　面向机头方向的乘务员

3. 成年人、儿童旅客

身体向前倾，头俯在双膝上双手紧抱双腿，两脚平放用力蹬地，系好安全带，如图 6-9 所示。

身体向前倾，双手交叉于头后紧抱头部，上身俯在双膝上，两脚平放用力蹬地，系好安全带，如图 6-10 所示。

双臂交叉，伸出双手抓前排座位靠背，头俯下紧贴在交叉的双臂上，双脚平放，用力蹬地，如图 6-11 所示。

4. 特殊旅客（肥胖、孕妇、高血压、高大者）

双手抓住座位扶手，头紧贴在座椅靠背上，双脚平放，用力蹬地（图 6-12）。孕妇安全带系在大腿根部。

图 6-9　成人旅客防冲击姿势

图 6-10　成人旅客防冲击姿势

图 6-11　成年人旅客防冲击姿势

图 6-12　特殊旅客防冲击姿势

5. 婴儿

用衣服或毛毯包好，面朝上斜抱在怀中，婴儿头部不要朝向通道，抱婴儿者俯下身，安全带系在抱婴儿者的腹部，并系好婴儿安全带，如图 6-13、图 6-14 所示。

6. 导盲犬

为了防止导盲犬被撞击，用枕头和毛毯在隔板区域旅客前面的座椅底下铺上垫子并建议旅客卸下导盲犬的挽具并套上皮套。当把它带到滑梯上时，应由主人负责牵住动物。

 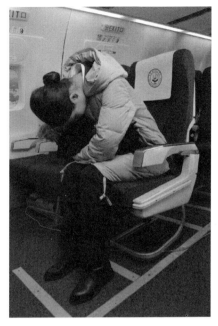

图 6-13　抱婴儿旅客的防冲击姿势（一）　　图 6-14　抱婴儿旅客的防冲击姿势（二）

十、检查和固定设备，清理出口和通道

（1）检查所有出口，确保其处于待用状态。
（2）检查所有卫生间，确保其无人并锁好门。
（3）固定厨房设备，关闭厨房电源。
（4）取下舱内所有门帘、隔帘，打开遮光板。
（5）从行李箱内取下过大、过重物品放在卫生间内锁好，并将行李箱扣好。
（6）检查旅客的安全带已经系好，小桌板、脚垫、椅背收到正常位置。
（7）收好所有耳机，关闭娱乐系统。

十一、乘务员自身确认

（1）脱下高跟鞋、带钉子的鞋。
（2）取下锐利物品，洗去头发上的发胶。
（3）海上迫降穿好救生衣。
（4）时间允许，脱下尼龙制品。

十二、跳滑梯的姿势

1. 正常旅客

从舱门处跳入滑梯的姿势应是：双臂平举，双手空握拳或双手交叉抱臂，双腿及脚后跟紧贴滑梯面，收腹，身体略微前倾，滑到滑梯底部时，应立即站起跑开，如

图 6-15 所示。

2. 抱小孩的旅客

把孩子抱在怀中，坐着滑下飞机。儿童、老人和孕妇也应坐着滑下飞机，姿势同上。

3. 伤残旅客

根据自身情况采用坐滑或由援助者协助坐滑，如图 6-16 所示。

图 6-15 正常旅客跳滑梯

图 6-16 伤残旅客跳滑梯

十三、逃离方向的选择和撤离时间

（1）陆地撤离应选择在风上侧躲避，远离飞机至少 100 米以外。水上撤离应选择在风下侧，远离燃油区和燃烧区。

（2）撤离时间是指从机长发布撤离指令至机上人员全部撤离时止。陆地撤离时间一般为 90 秒，水上撤离时间一般为 120 秒。

十四、陆地撤离时的程序

（1）确认飞机安全停稳。

（2）判断地面状况，判断舱外无烟、无火、无障碍。

（3）确认分离器在预位位置。

（4）打开舱门，滑梯自动充气。

（5）拉人工充气手柄，如图 6-17 所示。

图 6-17 拉人工充气手柄

（6）封门，确认滑梯充气状况，如图6-18所示。
（7）指挥旅客撤离，如图6-19所示。
（8）检查客舱。
（9）到达安全地带后，清点旅客人数，帮助受伤旅客。
（10）发出求救信号。

图6-18　封门

图6-19　指挥旅客撤离

十五、水上撤离时的程序

1. 地板高度出口处救生船的使用

（1）确认飞机在水上完全停稳并解开安全带。
（2）判断水面状况并确认机门在水面上面。
（3）确认分离器在预位的状态。
（4）打开舱门滑梯自动充气。
（5）拉人工充气手柄。
（6）封门，确认滑梯充气状况。
（7）指挥旅客上船或下水。
（8）将系留绳扣在安全带上，将救生船或救生浮艇推入水中释放，等浮上水面后用力拉动连接绳，使救生船或救生浮艇充气。
（9）指挥旅客上船。
（10）拉动释放手柄，使滑梯/救生船/救生浮艇与机体分离。
（11）切断机体和船的连接线。

（12）组织营救落水者。

（13）指挥划离飞机。

（14）到达安全区域后，指挥连接各船，清点旅客人数。

（15）使用救生设备和求救设备。

2. 翼上出口处救生船的使用

（1）打开翼上出口。

（2）拉出 W/L 和 W/R 出口框上方的逃离绳，将其扣在机翼表面的圆环上。

（3）取出救生船，将系留绳扣在安全带上。

（4）将救生船送至翼上，推入水中。

（5）待救生船浮上水面后推出，用力拉动系留绳，使救生船充气。

（6）指挥旅客给救生衣充气，下水沿着系留绳上船。

（7）切断船与机体的连接。

（8）指挥旅客将救生船划离飞机。

（9）营救落水者。

（10）到达安全区域后连接各船，清点旅客人数。

（11）使用求救设备。

十六、异常情况下应急撤离

通常情况下是由机长发出撤离口令，机上人员才能撤离，但有时驾驶舱内发生了异常情况，驾驶员失去指挥能力时，由乘务长按联络信号报警，30秒钟后得不到指令，在下列情况出现时乘务长有权实施撤离：

（1）机体明显破损。

（2）烟雾火灾无法控制。

（3）燃油严重泄漏。

（4）飞机进水。

十七、有准备的应急撤离

有准备的应急撤离是指客舱乘务员有时间做撤离前的客舱准备和进行应急广播，以便对旅客进行必要的说明。有准备的应急撤离可以在陆上，也可能发生在水上。

有准备的应急撤离一般有两种情况：一种是撤离前机组和旅客有充分的时间做好撤离的各项准备工作；另一种情况是在撤离前给机组和旅客的准备时间是有限的。在不同情况下应急撤离准备工作的程序是不同的。

1. 准备时间充分的应急撤离

由于撤离前有充足的时间做各项准备工作，因此，乘务员应尽可能全面地考虑应急撤离的最佳方案和措施，并有序地组织旅客撤离。

（1）带班乘务长从驾驶舱获取应急迫降信息。

(2) 用内话或召集乘务员把信息传达给每个乘务员。
(3) 代表机长广播通知旅客迫降决定。
(4) 系好安全带，收直椅背，扣好小桌板，收起脚踏板，关闭娱乐系统。
(5) 广播介绍应急出口位置及撤离路线。
(6) 广播寻找援助者，调整旅客座位。
(7) 广播取下尖锐物品，放松衣服。
(8) 广播表演防冲击姿势。
(9) 水上迫降，广播演示救生衣的使用。
(10) 检查固定客舱和厨房设备，清理出口和通道。
(11) 乘务员自身的确认。
(12) 最后确认乘务组准备工作完成后，报告乘务长/带班乘务长。
(13) 当乘务组准备工作完成后报告机长"客舱准备工作完毕"。
(14) 防止冲撞。
① 当飞机下降到500英尺（距离地面150米）机组发出"准备冲撞"口令后，客舱乘务员要提醒旅客"系好安全带，做好防冲撞姿势"。
② 当飞机下降到100英尺（距离地面30米）时机组发出"冲撞开始"口令后，客舱乘务员高喊"全身用力，Brace"。
③ 飞机完全停稳后，客舱乘务员提醒旅客"解开安全带，不要动，听从指挥"。
(15) 当飞机着陆停稳后，机长宣布"撤离"命令。如果广播系统失效，"撤离警告鸣响"或"应急灯亮"，客舱乘务员立即组织旅客撤离。
(16) 开机舱门
① 判断飞机完全停稳，观察外面情况，打开所需要的机舱门和出口。
② 确认滑梯充气状况，指挥旅客撤离，远离飞机。
③ 旅客撤离完毕，客舱乘务员、乘务长检查客舱后报告机长，随之撤离飞机。
④ 撤离时带好必需物品。
(17) 撤离飞机后
① 把旅客安排在远离飞机至少100米的安全距离之外。
② 清点旅客和机组成员人数，报告机长。
③ 组织救治伤者，使用求救设备。
④ 如果可能的话，设置一名警卫以确保邮件、包裹或飞机的各部分不受干扰。

2．准备时间有限的应急撤离

当准备时间非常有限时（不足10分钟或更少的时间），乘务组准备工作的优先次序是
(1) 固定好客舱厨房设备。
(2) 检查座椅靠背、小桌板恢复正常位置。
(3) 系好安全带。
(4) 介绍防冲撞姿势。
(5) 介绍撤出口位置及撤离路线。

（6）飞机着陆前和停稳后，乘务组的工作与有充分准备时间的应急撤离程序相同。

十八、无准备应急撤离

在无准备的应急撤离情况下，没有时间做准备，它通常发生在飞机起飞或着陆时，可能发生在陆地或水上的应急撤离中。

由于没有时间对应急事件做准备，因此乘务员必须对出现第一个撞击迹象时做出反应。

（1）迅速做出判断。

（2）发出"不要动！系好安全带！""弯腰！低头！全身紧迫用力！"口令，直至飞机完全停稳。

（3）做好自身防冲击姿势。

（4）呼叫驾驶机长，听从机长的指挥口令。

（5）确认或打开应急灯。

（6）带班乘务长/区域乘务长/乘务员在下列情况下可以发出应急撤离口令

① 机体明显破损。

② 烟雾火灾无法控制。

③ 燃油严重泄漏。

④ 飞机进水。

⑤ 呼叫驾驶舱没有反应（30秒得不到回答）。

（7）水上迫降穿好救生衣。

（8）执行撤离程序。

十九、旅客撤离飞机后的清舱

（1）当旅客撤离完毕后，各区域乘务员进行区域清舱检查，确认无人后报告区域乘务长，其他区域无需帮助后立即撤离。

（2）带班乘务长负责客舱的最后清舱检查，陆地撤离在飞机最后的门撤离，水上撤离在R1门撤离。

（3）机长负责客舱的最后清舱检查，最后一个撤离飞机。陆地撤离在飞机最后的门撤离，水上撤离在R1门撤离。

二十、救生船的撤离顺序

（1）一般情况下L1门船和尾部的船最先撤离。

（2）R1门的船最后撤离。

（3）其他各船上满人后即可撤离。

二十一、应急情况下带班乘务长的指挥程序

（1）带班乘务长从驾驶舱获取应急迫降信息。

（2）用内话或召集乘务员把信息传达给每个乘务员。

(3) 代表机长广播通知旅客迫降决定。
(4) 广播寻找援助者。
(5) 不准吸烟，系好安全带。
(6) 收直椅背，扣好小桌板，收起脚踏板。
(7) 关闭娱乐系统。
(8) 广播介绍应急出口位置及撤离路线。
(9) 调整旅客座位，B747可将上舱的旅客安排在主舱的座位上。
(10) 广播取下尖锐物品，放松衣服。
(11) 广播表演防冲击姿势。
(12) 水上迫降，广播并演示救生衣的使用。
(13) 检查固定设备，清理出口和通道。
(14) 乘务员自身的准备。
(15) 最后确认工作组准备工作完成后，报告带班乘务长。
(16) 当乘务组准备工作完成后报告机长"客舱准备工作完毕"。

二十二、撤离时带班乘务长携带的物品

(1) 旅客名单。
(2) 麦克风。
(3) 手电筒。

二十三、陆地/水上撤离时的指挥口令

1. 陆地撤离时的指挥口令

陆地撤离时的指挥口令，见表6-1所示。

表6-1 陆地撤离时的指挥口令

状态	口令
当飞机下降，机长宣布"防冲击，防冲击，Brace，Brace"	低头弯腰！紧迫用力！（持续呼喊） Bend over! Brace!
飞机完全停稳后，机长发出"撤离！撤离！Evacuate! Evacuate!"时，乘务员迅速解开安全带，观察机外状况，开门，拉动人工充气手柄，封门。出口已经打开，确认滑梯充气可以使用，一手握住门边辅助把手，一手指挥	解开安全带！/撤离！ Release seat belt! /Evacuate! 到这边来！ Come here! Come this way!
在指挥旅客撤离期间	快！快！Faster! Faster!
当客舱充满烟雾，指挥旅客撤离时	低头！捂住口鼻！随着声音来！跟着灯光走！ Stay down! Cover your nose! Follow me!
当旅客通过撤离出口时	一个接一个！跳！滑！（特殊旅客，坐！滑！） One by One! Jump! Slide! (Sit! Slide)
当出口不能使用时，如门被堵住或舱门手柄卡住变形，舱外有火、烟、障碍或门已打开，但滑梯失效时	此门不通！到对面去！到前面去！到后面去！ No exit here! Go across! Go forward! Go back!

续表

状态	口令
遇到无计划的紧急冲撞时	系好安全带！低头弯腰,全身紧迫用力！ Fasten your seat belt! Bend over! Brace!
遇到有计划紧急撞击时	紧迫用力！Brace!
当飞机紧急着陆后,机长指示不用撤离时	不要惊慌！坐在座位上 Don't panic! /Stay in your seat!

2. 水上撤离时的指挥口令

水上撤离时的指挥口令,见表 6-2 所示。

表 6-2　水上撤离时的指挥口令

状态	口令
当飞机下降,机长宣布"防冲击,防冲击,Brace,Brace"	低头弯腰！紧迫用力！（持续呼喊） Bend over! Brace!
飞机完全停稳后,机长发出"撤离！撤离！Evacuate! Evacuate!"时,乘务员迅速解开安全带,观察机外状况,开门,拉动人工充气手柄,封门。出口已经打开,确认滑梯充气可以使用,一手握住门边辅助把手,一手指挥	解开安全带！Release seat belt! 撤离！Evacuate! 穿上你座椅下的救生衣,脱下高跟鞋！ Life vest is under your seat!　Put on your life vest! Take off your high-heel shoes! 到这边来！Come here! Come this way!
当旅客通过撤离出口时	救生衣充气！登艇！ Inflate life vest! Step into raft!
在指挥旅客撤离期间	快！快！Faster! Faster!
旅客在救生船上移动时	趴下,坐下！Stay low! Sit down!
当出口不能使用时,如门被堵住或舱门手柄卡住变形,舱外有火、烟、水（水位高过舱门）、障碍等,或门已打开,但滑梯失效时	此门不通！到对面去！到前面去！到后面去！ No exit here! Go across! Go forward! Go back!
遇到有计划紧急撞击时	紧迫用力！Brace!
遇到无计划的紧急冲撞时	系好安全带！低头弯腰,全身紧迫用力！ Fasten your seat belt! Bend over! Brace!
当飞机紧急着陆后,机长指示不用撤离时	不要惊慌！坐在座位上！ Don't panic! /Stay in your seat!

课程实践：有充分准备的水上（陆地）迫降程序

1. 与机长协调

机长通知乘务长到驾驶舱,记录以下信息：

① 明确迫降的形式、原因、时间、地点、环境,与有关单位联系的情况。

② 共同确定撤离方案。

③ 明确防冲撞信号和撤离信号。

④ 校对时间。

⑤ 其他特别的要求。

2. 与乘务员协调

乘务长召集所有乘务员传达信息。

① 传达机长的指示和决定。

② 进行分工，确认每个人的位置和任务。

③ 落实检查单的各项工作。

④ 将客舱、厨房所有物品收好固定。

⑤ 确保所有舱门、紧急出口处畅通无障碍。

⑥ 调亮客舱灯光。

3. 向旅客广播迫降决定

女士们、先生们，我是本次航班的乘务长，我们接到机长通知，我们决定采取水上紧急迫降，我们全体机组人员都受过良好的训练，有信心、有能力保证你们的安全，请听从乘务员的指挥。

Ladies and gentlemen: It is necessary to make an emergency ditching. The crew have been well trained to handle this situation. We will do everything necessary to ensure your safety, pay close attention to the cabin attendants and follow their directions.

（乘务员固定浮动物品，并视情况出舱。检查旅客系好安全带，调直座椅靠背，收起小桌板、脚蹬及座位上的录像机，关闭厨房电源及娱乐系统。）

4. 广播介绍应急出口位置，脱出区域划分

现在乘务员将告诉您最近出口的位置，请确认至少两个以上的出口。撤离时，请前往最近的出口并不要携带任何物品。

Now the flight attendants are pointing to the exits nearest to you. Please identify them and be aware your closest exit may be behind you. When evacuating, Leave everything on board!（ok手势）

（"坐在这里的旅客，撤离时，从这两个出口撤离""passenger siting in this area, evacuate, though this door!"）（如图6-20所示）

陆地撤离时，B737—800型区域划分为：1～9排　L1、R1（54名旅客）；10～17排 W/L、W/R（48名旅客）；18～24排　L2、R2（42或48名旅客）。

5. 选择援助者

女士们、先生们请注意：如果您是航空公司的雇员、执法人员、消防人员或军人，请与

图6-20　区域划分

乘务员联系。我们需要您的帮助。我们也会要求一些乘客更换座位，以便更好地帮助那些需要协助的乘客，或要求您移至靠近应急出口的座位协助撤离。在您没有被要求更换座位之前，请保持就座。

Ladies and gentlemen, If there are any airline employees, law enforcement, fire rescue or military personnel on board, please identify yourself to a flight attendant. We need your assistance. We will also be asking some of you to change seats to better help those needing assistance or to be closer to an exit to help evacuate. Please remain seated unless you are asked to move.（ok 手势）

图 6-21　阻挡旅客

选择援助者指导语言：（每个出口至少选 1~3 名）

（1）您愿意帮助我吗？请到这边来（阻挡旅客）

当听到乘务员大声喊"解开安全带"时，到这里，像这样挡住旅客。从这个门下机，如图 6-21 所示。

（2）您愿意帮助我吗？请到这边来。（乘务员不能开门，帮助开门）

当听到乘务员大声喊"解开安全带"时，到这里，如果我不能开门请帮我。通过机门上的观察窗，观察机外（无烟、无火、无燃油、出口高出水面），像我这样打开门，然后拉动地板上的红色充气手柄，直到充气声完全结束。

（3）您愿意帮助我吗？请到这边来。（乘务员受伤，带其下飞机）

当听到乘务员大声喊"解开安全带"时，到这里，如果我失去知觉，先把我搬到安全的地方，下机时不要忘记把我带下飞机。

撤离时携带的物品（A321 机型连接 SK 包）——乘务长广播。

6. 广播取下尖锐物品

女士们、先生们：为了撤离的安全，请将您的餐盒和所有服务用具准备好，以便乘务员收取。

Ladies and gentlemen, Please pass your food tray and all other service items for pick up.

将高跟鞋、假牙、胸章、领带、钢笔、项链、手表及小件物品放在行李架内或交给乘务员。

Please put the high-heeled shoes, denture, necklace, tie, pens, watches and jewelry in the overhead bin or hand them to the flight attendants.（ok 手势）

7. 示范防冲击安全姿势（乘务员在客舱内 Z 型分布，在椅背或过道上示范，特殊旅客和第一排旅客姿势单独辅导）

图 6-22　第一种防冲击姿势　　　图 6-23　第二种防冲击姿势

现在我们将向您介绍防冲击的姿势。

Now we will explain the bracing for impact position.

根据实际情况选择一种。

（1）第一种：两脚分开蹬地，手臂交叉抓住前方椅背，收紧下颚，头放在两臂之间，如图 6-22 所示。

When instructed to brace for impact, put your legs apart, place your feet flat on the floor. Cross your arms like this. Lean forward as far as possible, and hold the seat back in front of you, rest your face on your arms.

（2）第二种：收紧下颚，双手虎口交叉置于脑后，低下头，俯下身，如图 6-23 所示。

When instructed to brace for impact, cross your hand and above your head, then bend over, keep your head down, stay down.

当您听到"抓紧，防撞！"或"抱紧，防撞！"时，采取这种姿势，直到您听见"解开安全带"为止。

When you hear "Brace for impact!" Take this position, and keep this position until you hear "Open your seat belt!"

请大家保持这种姿势，以便乘务员检查。

Now please take this position, so that the flight attendants can assist you.（ok 手势）

8. 示范救生衣的使用方法（水上）

现在我们将向您介绍救生衣的使用方法。

Now the flight attendants will explain the use of life vest. Please take your life vest on and follow the instruction of your flight attendants.

救生衣在您座位底下。

Your life vest is located under your seat.

取出并撕开包装,将救生衣经头部穿好。

Pull tab to open the pouch and remove the life vest. To put the life vest on, slip it over your head.

将带子扣好,系紧。

Then fasten the buckles and pull the straps tight around your waist.

当您离开飞机时,拉动救生衣两侧的红色充气把手,但在客舱内不要充气。

Upon leaving the aircraft, inflate your life vest by pulling down on the two red tabs. But do not inflate it while you are in the cabin.

充气不足时,可将救生衣上部人工充气管拉出,用嘴向里充气。

If your life vest needs further inflation, you can pull the mouthpieces from the upper part of the vest and blow into them.

现在,乘务员将协助任何需要帮助的旅客穿上救生衣。

Your flight attendants will help any passenger who needs assistance. (ok 手势)

9. 再次进行安全确认

(1)"请乘务员再次进行安全确认。"——乘务长广播

(2)提醒旅客摘掉眼镜、助听器放到侧面口袋。

(3)检查固定设备,清理出口和通道。

(4)[夜间]调暗客舱灯光。——乘务长

10. 乘务员自身确认,报告乘务长(内话)

(当机组宣布飞机高度为1500英尺时,乘务员自身确认,自己区域确认,大件行李固定,活动物品固定,门帘取下等,乘务长自身确认后,内话监听各舱的报告。)

11. 报告机长"客舱准备工作完毕"

(乘务长应坐好,系好肩带、安全带后,内话报告)

12. (机长)发出指令:"乘务员各就各位。""All attendants prepare yourself."

13. 500英尺(乘务员口令:系好安全带,做好防冲击姿势)

14. 100英尺(乘务员口令:低头弯腰,紧迫用力)

15. 确认飞机停稳,迅速开启机门。

直到听到"嘀、嘀……"的撤离信号或客舱灯光全部中断,应急灯亮或机长发出撤离指令时,立即解开安全带。(乘务员口令:解开安全带,撤离!)一般除去滑梯充气时间,乘务员自身解开安全带,观察窗外无烟、无火、无障碍,开机门,拉人工充气手

柄，封门，这一系列动作一般最多 5 秒钟完成。

（1）水上：（A300/321/319）到这边来！充气！上船！Come this way! Inflate your vest! Step into raft! 到这边来！充气！下水！/上船！Come this way! Inflate your vest! Jump! /Climb into raft!

（2）陆地：到这边来！跳！/坐！Come this way! Jump! / Sit!

（3）出口不能使用时：此门不通，到那边去！No Exit! Go that way!（如图 6-24 所示）

（4）机长发出无需撤离指令："坐在座位上，不要动！""Remain seated, Don't move!"（并到客舱内安抚旅客）

16. 乘务员区域检查

（可利用手电）携带应急物品。

17. 主任乘务长通舱检查

"还有人吗？听到请回答！""Anybody else？"——全体"报告机长，可以撤离"。

18. 撤离后的指挥

要求：

（1）四人一组完成撤离任务。

（2）程序完整，条理分明。

（3）四人配合默契，动作熟练。

图 6-24　此门不通

第二节　机上火灾

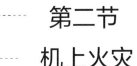

飞机在飞行过程中的任何时候都可能发生火灾。就如同"星星之火，可以燎原"，虽然有时候机上火灾并不严重，但处理得不好，就可能导致严重的后果。因此全体机组人员每次飞行都应始终警惕可能发生的失火或烟雾，了解火情的类别，熟知灭火程序和灭火要点是至关重要的。

机上除发动机失火、下货舱失火和主货舱失火有相应的灭火检查单外。客舱各类火情也都采取不同的灭火措施，使用错误的灭火瓶只能有害而无益。为了旅客和乘务员的自身安全，作为乘务员应了解这些火情基本的类别，以及如何处置，使用什么样的灭火瓶更有利。

由于烟雾产生的有毒气体对机上人员直接造成危害，乘务员应拿出湿毛巾并且让旅客通过湿毛巾呼吸，这样可能避免吸入有毒气体。请记住所有旅客都有枕套，必要时可以用来保护自己。如果烟雾很大，则要求旅客俯下身，尽量靠近地板，低处的空气毒气最小。

一、火灾的隐患

（1）"请勿吸烟"信号灯亮后，仍有人吸烟。

（2）旅客睡觉时，有点燃的香烟在手。

（3）烤炉内存有异物或加热时间过长。

（4）旅客吸氧时。

（5）旅客携带有易燃物品。

（6）卫生间内抽水马达故障。

（7）卫生间内有人吸烟。

（8）货舱内装有易燃的货物。

（9）电器设备操作、使用不当。

二、火灾的种类

A类：可燃烧的物质。如织物、纸、木、塑料、橡胶等。

B类：易燃的液体、油脂等。

C类：电气设备。

D类：易燃的固体。如镁、钛、钠。

三、灭火程序

1. 三人灭火小组

在扑灭任何火灾时都由三人组成灭火小组。一名负责灭火，一名负责通信联络，一名负责援助。

（1）灭火者的职责　负责观察烟火，取用相应的灭火瓶和防烟面罩，立即采取灭火措施，呼叫或发出信号给其他乘务员。

（2）通信/联络员的职责　通过内话机向机长通报火情：包括火的颜色、烟的浓度、气味、火源、火势、对乘客的影响、客舱乘务员采取的行动。保持不间断地与驾驶舱的联系，准备辅助灭火设备，做好第二灭火者准备。

（3）援助者的职责　收集其余的灭火瓶和防烟面罩，做好接替灭火者工作的准备，负责监视防烟面罩的使用时间，负责监视余火，保证其无复燃的可能。

2. 一般灭火程序

（1）寻找火源，确定火的性质。

（2）切断电源。

(3) 取用相应的灭火瓶灭火，并穿戴好防烟面罩（做好自身的保护）。
(4) 向机长报告。
(5) 收集所有的灭火设备到火场。
(6) 监视现场情况，保证余火灭尽，随时向机长报告现场情况。

3．旅客的保护措施、机组人员的保护措施

(1) 迅速调整火源区旅客座位。
(2) 指挥旅客身体放低，用手或其他布类罩住口鼻呼吸（衣服、小毛巾、头套等，如果湿的更好），避免吸入有毒的气体。
(3) 穿上长袖衣服，防止皮肤暴露。
(4) 乘务组人员应迅速戴好防烟面罩并保持低姿态或用毛巾类物品捂住口鼻。

4．灭火要点

(1) 保持驾驶舱门的关闭。
(2) 搬走火源区的易燃物（氧气瓶等）。
(3) 始终保持与驾驶舱的联系。
(4) 不要使用氧气面罩。
(5) 灭火时应将喷嘴对准火源的根部，由远至近，从外到里，平行移动灭火。
(6) 灭火员戴上防烟面罩，必要时穿上防火衣。
(7) 随时准备撤离旅客。
(8) 保持旅客的情绪稳定。
(9) 停止通风工作，控制火情。

四、特殊火灾的处理

特殊火灾的处理是在完成一般的灭火程序的基础上，针对特殊火灾的处理方法。

1．卫生间失火

卫生间失火在飞机上火灾中占的比例是较大的，45%左右的火灾是发生在卫生间。如果烟雾探测器发出警告声，表明卫生间存在着烟雾或起火的现象，除应立即执行"一般性火灾的处置"外，还应做出以下处置：

(1) 敲门确认是否有人使用卫生间 如果有人在卫生间，则试着与使用者联系。如果是香烟的烟雾造成烟雾探测器发生声响，则让旅客熄灭香烟，打开门让烟雾从卫生间内清除掉，则警报解除，婉转与该旅客进行沟通，并且通知机组。

(2) 如果卫生间无人使用 用手背感觉一下门的上下部及门缝是否有热度，如图6-25所示。

1) 门如果是凉的
① 取出就近的灭火瓶（最好是海伦灭火瓶）。
② 小心地打开卫生间的门，观察火的位置，如图6-26所示。

图 6-25 感知门的温度

图 6-26 小心开门缝喷灭火剂

③为了压住火焰，可以使用潮湿的毛毯，或用海伦灭火瓶对准火源的底部灭火，如图 6-27 所示。

④当灭火成功后，通知机长，并锁住卫生间。

2) 如果门是热的

① 保持门的关闭状态。

② 用安全斧在门的高温处凿个与灭火瓶喷嘴大小相同的洞，如图 6-28 所示。

图 6-27 开门喷灭火剂

图 6-28 用安全斧凿门

③ 将灭火瓶喷嘴从洞口伸入，释放灭火剂直至喷完，喷完后应封住洞口。

④ 打开卫生间的门时要小心，防止氧气突然进入，加重火情。

⑤ 如果有烟雾从门四周溢出，应用湿的毛毯或毛巾堵住缝隙。

⑥ 灭火成功后，关闭卫生间并通知机长。

2．衣帽间失火

如衣帽间失火，除应立即执行"一般性火灾的处置"外，首先用手背触摸门及四周舱壁的温度，然后再做相应处置。

（1）如果门及四周舱壁是凉的

①取出就近的灭火器（最好是海伦灭火器）；②小心地打开衣帽间的门，观察起火的位置；③海伦灭火器的喷嘴对准火源的底部灭火；④如有可能，移走未燃烧的衣服及其他物品；⑤检查已燃烧的物品，保证余火灭尽；⑥灭火成功后，关闭衣帽间并通知机长。

2）如果门及四周舱壁是热的

①保持门的关闭状态；②用安全斧在门的高温处凿个与灭火器喷嘴大小相同的洞；③将灭火器喷嘴从洞口伸入，释放灭火剂直至喷完，喷完后应封住洞口；④打开衣帽间门时要小心，防止氧气突然进入，加重火情；⑤如果有烟雾从门四周溢出，应用湿的毛毯或毛巾堵住缝隙；⑥检查已燃烧的物品，保证余火灭尽；灭火成功后，关闭衣帽间并通知机长。

3．厨房设备失火

（1）烤炉失火　烤炉失火一般是由于加热时间过长，餐食油脂溢出及错误操作引起。

① 切断厨房电源和烤炉电源。

② 关闭烤炉门，以消耗氧气和窒息火焰。

③ 如果火势较大，火焰扩展到烤炉外面，应迅速戴好 PBE（防护呼吸面罩）。

④ 观察烤炉内火是否完全熄灭时，应将烤炉门打开一小缝，避免遇有空气余火复燃灼伤脸部。

（2）烧水杯失火

① 切断电源。

② 拔下水杯。

③ 如果火不灭，使用海伦灭火瓶扑灭火源。

（3）灭火要点

① 电气设备失火要首先断电。

② 要使用海伦灭火瓶灭火。

③ 不要将水倒入过热的烧水杯内。

4．隔板失火

（1）立即通知机长并执行其指示。

（2）通知其他机组成员取相应的灭火设备。

（3）如果机长指示将壁板撬开。

（4）迅速取用斧头和海伦灭火瓶。

（5）将旅客撤出失火区域。

（6）用斧头撬开隔间。

（7）使灭火瓶的喷嘴能插入被撬开洞中进行灭火。

注意：不要用刀刃砍断壁板，因为有可能将主要的电线和液压线割断。

5. 锂电池及便携式电子设备的灭火处置

（1）查明物品　可能无法立即查明物品（起火源），特别是当火情发生在座椅袋或不能迅速拿到装置时，应该首先应用适当的消防程序。

警告：

为了避免被爆燃烧伤，不建议在发现冒烟或起火的任何迹象时打开所涉行李。但是，在特定情况下，客舱机组成员可能会对情况做出评估，认为有必要将行李打开一个小口，以便可以喷入灭火剂和不可燃液体。在采取这一行动时应该极其小心，并且只有在穿上可从机上获得的适当的防护设备后才可这么做。

（2）应用消防程序

① 应将任何涉及客舱火情的事件立刻通知机长，他需要了解所采取的一切行动及其效果。

② 客舱机组和飞行机组必须协调他们的行动，每一组成员都须充分了解另一组成员的行动和意图。

③ 必须使用适当的消防和应急程序处理火情。在有多名客舱机组成员的情况下，应该同时采取消防程序中所详述的各项行动。在仅配有一名客舱机组人员的航空器上，应该请求一名旅客来帮助处理相关情况。

④ 应该使用海伦或水灭火器来扑灭火情以及防止火势蔓延至其他易燃材料。

⑤ 在灭火时，必须穿上可用的防护设备（如保护呼吸的设备、防火手套）。

⑥ 如果火势扩大，客舱机组应迅速采取行动，将旅客从受影响区域转移，必要时提供湿毛巾或湿布，并指示旅客用其呼吸。最大限度地防止烟和烟雾蔓延到驾驶舱内，对航空器的持续安全运行至关重要，因此，必须始终保持驾驶舱门关闭状态。机组之间的通信和协调是极其重要的，应使用内话作为主要通信方式。

（3）切断电源

① 必须指示旅客断开装置的电源，如果认为这么做是安全的话。电池在充电周期内或充电周期刚刚结束时，由于过热较易起火，虽然效应可能会延迟一段时间出现。如果拔掉装置的外部电源，就可确保不会向电池输送额外的能量而助长火情。

② 关闭连通剩余电源插座的座椅电源，直到可以确保某一出现故障的航空器系统不会促使旅客的便携式电子装置也失灵。

③ 如果装置原来是接通电源的，则通过目视的方式检查其余电源插座是否保持断电，直至能够确定航空器系统无故障。

④ 切断电源可以与客舱机组的其他行动（如取水洒在装置上）同时进行。根据航空器型号的不同，有些航空器的座椅电源可能得由飞行机组成员关闭。

警告：不要试图从装置中取出电池。

（4）在装置上洒水（或其他不可燃液体）　必须使用水（或其他不可燃液体），使起火的电池冷却，以便防止热扩散到电池中的其他电池芯。如果无水可用，可使用其他不可燃液体来冷却装置。

注意：将液体洒在热电池上时液体可能变为蒸汽。

（5）将装置放在原位，并监测重新着火现象　由于热转移到电池内的其他电池芯，着火的电池会多次重新点燃并冒出火焰。因此，必须定时监测装置，以查明是否仍然有任何火情的迹象。如果有任何烟雾或火情迹象，则必须在装置上洒水（或其他不可燃液体）。

警告：

① 不要试图拿起或移动装置；电池可毫无预兆地发生爆炸或爆燃。如果装置出现以下任何一种现象，则不得移动装置：起火、燃烧、冒烟、发出异常的声音（如噼啪声）、出现碎片或从装置上掉下材料碎片。

② 不要将装置盖住或对其进行包裹，因为这样可能导致装置过热。

③ 不要使用冰或干冰冷却装置。冰或其他材料会对装置产生隔热作用，这样会增加其他电池芯达到热失控的可能性。

（6）在装置冷却后（如大约 10～15 分钟后）

① 在经过一段时间之后（如大约 10～15 分钟后），一旦装置冷却下来并且如果没有冒烟或发热的迹象或者如果锂电池起火通常会发出的噼啪声或嘶嘶声有所减弱，就可以小心地对装置进行移动。根据装置及其大小的不同，等待时间可能有所不同。

② 必须在适当的空容器（如罐子、水壶、食品柜或盥洗室废物箱）中注入足够的水或不可燃液体，以便可以完全浸没装置。在移动起火事件所涉的任何装置时，必须穿上可用的防护设备（如保护呼吸的设备、防火手套）。一旦将装置完全浸没，必须将所用的容器存放起来并且如果可能的话对其进行固定，以防止溢出。

（7）在剩余的飞行时间里对装置及其周围区域进行监测　在剩余的飞行时间里对装置及其周围区域进行监测，以确保装置不构成进一步的风险。

（8）在下一个目的地着陆后

① 一旦到达，应用公司的事故征候程序。这些程序可能包括向地面工作人员指明物品的存放地点以及提供有关物品的所有信息。

② 根据公司的程序完成所要求的文件，以便向公司通报事件，采取适当的维修行动，并对应急响应包或所用的任何航空器设备（如有）进行补充或更换。

课程实践：4 号发现客舱中 6F 失火

4 号立刻大喊：6F 着火，我来灭火。取海伦灭火瓶，并进行扑灭（蹲低灭火）嘴里喊"1～2～10"，跟 2 号交替后立刻去后舱端一盆水递给 2 号，再去端一盆水，然后再次对坐垫前后浇湿，并报告乘务长；再次检查 6F 处火已熄灭，没有死灰复燃现象。

2号大喊：我来备份。并立刻准备 PBE（准备时说，撕开 PBE，拉开作用环，听到有气流声，戴在头上，保证密封良好），然后立刻赶到4号处接替，嘴里喊"1～2～10"（慢点喊）（蹲低灭火），火灭后，接过4号手中的水，把坐垫前后浇湿，然后去前舱报告乘务长：6F 处火已熄灭，烧掉一个座位，用了两个海伦灭火瓶，机体没有受损，没有旅客受伤，已将5排、6排、7排的旅客调整到1排、2排、10排，旅客情绪基本稳定。

1号：迅速关闭电源并用湿毛毯封堵驾驶舱门，再进行广播（按广播词广播，但以乘务员交代的信息报告机长为先）。

3号：将海伦灭火瓶递给4号，然后将5排、6排的旅客移到1排、2排同时大喊（这排这排的旅客跟我来，蹲低行走，透过衣服呼吸，我们都是受过专业训练的，请坐在这排这排），然后在客舱安抚旅客。（扑灭前说：我们正在灭火，大家不要惊慌，我们都是受过专业训练的；扑灭后说：火已熄灭，大家不要担心，非常抱歉打扰了。）

5号：将水灭火瓶拿到灭火者附近然后将7排的旅客转移到10排，然后到客舱安抚旅客。（扑灭前说：我们正在灭火，大家不要惊慌，我们都是受过专业训练的；扑灭后说：火已熄灭，大家不要担心，非常抱歉打扰了。）

客舱排烟：

1. 客舱烟雾的空中排放方式

（1）利用排气活门排烟仅适用于烟雾较小的中、小型飞机。

（2）利用空中打开部分舱门，仅用于 B—747 飞机。

2. B—747 飞机的空中排烟

B—747 飞机的排烟，首先选择是排气活门进行排烟，当排气活门不能将烟排尽时，机长将会选择就近机场着陆，而当附近无机场可降时，将可能实施空中排烟，而此项工作必须在机长的指挥下由乘务人员共同完成。

（1）排烟口的选定

1）B747-400COMBI 飞机

① 当主舱前部或上舱有烟时，打开一个1号门和一个4号门或一个2号门和一个4号门。

② 当主舱后部有烟时，只打开一个2号门。

2）B747-400P 型飞机

① 当主舱前部或上舱有烟时，打开一个1号门和一个4号门或一个5号门，或打开一个2号门和一个4号门或一个5号门。

② 当主舱后部有烟时，只打开一个2号门。

（2）排烟前的准备

① 乘务长向机长报告烟的位置和浓度。

② 在机长的指挥下选择排烟口。

③ 机长或乘务长广播通知旅客。

④ 排烟口附近座位的旅客。

⑤ 准备好固定排烟口处舱门的绳索。

⑥ 机组降低飞行高度（8000～8500英尺）和飞行速度（低于200海里）。

⑦ 操作分离器到人工位置。

⑧ 将准备情况报告机长。

（3）排烟

① 机长下达开启排烟口的指示。

② 乘务员打开指定排烟口。

③ 将门把手转到12点钟的位置。

④ 固定门把手。

⑤ 观察烟雾排放情况，并向机长汇报。

⑥ 结束排烟工作。

（4）排烟后的工作

① 关闭舱门，将门把手转到关闭位置。

② 分离器操作到自动位置。

③ 检查客舱和旅客情况。

④ 向机长报告。

（5）排烟时要注意的问题

① 排烟工作必须在机长的指挥下进行。

② 排烟口处要有一名乘务员负责联络。

③ 关闭舱门时，应先关闭前门再关闭后门，关闭后门时需要两人配合，一关一推。

④ 排烟口的固定绳可用3号门逃离绳或其他既方便又结实的绳索，固定绳的一端系在门把手上，另一端固定在开位方向的门边把手上，门打开的缝隙为2英寸。

⑤ 飞机拐弯时不要关门。

第三节
客舱释压

2008年8月25日晚，瑞安航空公司执行FR9336航班任务的EI-DAS号B737—8AS型客机满载着168名度假乘客和7名机组人员，由英国西部港市布里斯托尔起飞，准备飞往西班牙巴塞罗那附近的吉罗那布拉瓦海岸机场（Girona Costa Brava Airport）。当飞机升至26200英尺高空时，随着一声巨响，客舱内突然失压，一股寒冷刺骨的气流猛地涌了进来。

此时，乘客座位上方的氧气面罩突然自动垂悬了下来（如图6-29所示）。紧接着，在机组人员未作出任何解释的情况下，客机开始了长达5分钟的俯冲。惊恐万状的乘客们纷纷低头戴上氧气面罩。幸运的是，客机在骤降至 8000 英尺左右（约 2440 米）的高度时总算稳定了下来，经过一阵盘旋，最终迫降在了法国中西部的利摩日贝拉格尔德国际机场（Limoges Bellegarde International Airport）。

图 6-29　氧气面罩脱落

客机成功迫降后，机上 16 名乘客由于耳膜受损、严重头疼以及鼻子出血等症状，被送入了当地医院接受治疗。许多惊魂未定的乘客抱怨称，在客机遇险的过程中，机上座位上的氧气面罩压根不管用，更令人难以容忍的是，由于机组人员没有立即向大家解释所发生的一切，导致大家产生恐慌。

26 日夜晚，法国航空安全部门对目前停泊在利摩日市的这架 B737—800 客机展开调查，以期查明事故原因。一名熟知调查内情的消息人士称，客机上的一个用于调节客舱内空气的压力阀失灵，由此导致客舱释压。他说："当时的情形很可能是（客舱内）所有空气在一瞬间全部逃逸。对于机上的乘客而言，这真是可怕的一幕。"

瑞安航空公司首席执行官迈克尔·奥利里（Michael O'Leary）称，机务人员经过事后检测后确认，客机上所有氧气面罩都工作正常。他解释道："乘客们有时会误以为（面罩内的）氧气会喷薄而出，而实际情况却是氧气只会像涓涓细流般稳定地流出。"迈克尔解释称，由于飞机在俯冲时的 5 分钟内，飞行员和其他机组人员为了维持呼吸必须戴上面罩，因此暂时无法讲话。直到降至 8000 英尺的高度时，他们才能安全地摘除面罩，给乘客作出解释。

一、旅客的缺氧反应（见表 6-3 所示）

表 6-3　缺氧反应的症状

高度/英尺	症　状
海平面	正常
10000	头痛、疲劳

续表

高度/英尺	症　状
14000	发困、头痛、视力减弱,肌肉组织相互不协调、指甲发紫、晕厥
18000	除上述症状外,记忆力减退,重复同一动作
22000	惊厥,虚脱,昏迷,休克
28000	5分钟之内立即出现虚脱、昏迷

对于那些身体较差的人来说,所出现的反应就更强烈,而在不同的高度,人在缺氧状态下有效的知觉时间也是短暂的。不同的高度与不同的有效知觉时间见表6-4所示。

表6-4　不同的高度与不同的有效知觉时间

高度/英尺	有效知觉时间	高度/英尺	有效知觉时间
22000	5～10分钟	35000	30秒
25000	3～5分钟	40000	15秒
30000	1～2分钟		

二、客舱释压的类型

1. 缓慢释压

(1) 概念　缓慢释压是指逐渐失去客舱压力,它是因机舱门或应急窗的密封泄漏或因增压系统发生故障而引起的。

(2) 缓慢释压的反应

① 机上人员发困和感到疲劳。

② 氧气面罩可以脱落。

③ 应急用氧广播开始。

④ 失密警告灯亮。

⑤ 在机舱门和窗口周围可以有光线进入。

⑥ 耳朵不舒服,有打嗝和排气的现象。

2. 快速释压

(1) 概念　快速释压是指迅速失去客舱压力,它是因使密封破裂的金属疲劳、爆炸或武器射击而引起的。在极端情况下,可以把快速释压归类为爆炸性释压。

(2) 快速释压的反应

① 飞机结构突然损坏,并出现强烈振动。

② 有物体在客舱内飘飞,可能出现灰尘。

③ 冷空气涌入客舱,客舱内温度下降。

④ 有很响的气流声及薄雾出现。

⑤ 压耳痛,氧气面罩脱落,飞机作大角度的应急下降。

⑥ 应急用氧广播开始。

⑦ 失密警告灯亮。

⑧ 禁烟灯及"系好安全带"灯亮。

三、客舱释压的处置程序

1. 飞行乘务员对释压的直接处置

(1) 迅速戴上就近的氧气面罩。

图 6-30　乘务员固定自己

(2) 坐在就近的座位上系好安全带。如果没有空座位，抓住就近的结实的结构固定住自己，如图 6-30 所示。

(3) 在戴上氧气面罩的情况下，呼喊指挥旅客，并让旅客遵照执行。

(4) 要知道有些旅客可能难以戴上面罩

① 指示旅客摘下他们的眼镜。

② 指示成年人戴好氧气面罩后要帮助坐在他们旁边的儿童。

③ 指示带儿童旅行的父母要先戴上他们的面罩然后再协助儿童。

(5) 在飞机到达安全高度前或释压警告解除前，所有人员停止客舱内的一切活动，戴好氧气面罩后帮助未成年人或残疾旅客戴上氧气面罩。

(6) 在使用氧气系统期间，告知所有旅客禁止吸烟。

2. 释压后的客舱检查

飞机下降到安全高度（海拔 3000 米），当机长宣布可以在客舱走动后，乘务长应立即指挥乘务员，携带手提式氧气瓶到客舱进行检查，救助受伤的旅客，其检查项目是：

(1) 检查旅客用氧情况，首先护理急救失去知觉的旅客、儿童，然后照顾其他旅客。

(2) 对缺氧的旅客提供手提式氧气瓶。

(3) 如果飞机上有裂口，应重新安排旅客座位，让他们离开受到风吹或危险区域。

(4) 让旅客保持系好安全带。

(5) 检查卫生间内有无旅客。

(6) 监察客舱内有无火源。

(7) 在客舱内走动，消除旅客疑虑。

(8) 对受伤的旅客或机组成员给予急救。

(9) 给因释压而发作的病人进行急救。

(10) 如果可能的话，指挥旅客把用过的氧气面罩放在他们的座椅口袋内，不要把用过的面罩重新存放如储存盒中或试图把面罩从氧气发生器上拉下。

四、客舱释压的处置原则

（1）氧气面罩的佩戴顺序：乘务员、成年人、未成年人，也可同时进行。
（2）释压状态未被解除之前，任何人都应停止活动。
（3）对有知觉的旅客吸氧时，应采取直立姿态，对没有知觉的旅客吸氧采取仰靠姿态。
（4）由于氧气的供应，应准备好灭火设备，防止意外明火引燃发生火灾。
（5）是否需要紧急着陆或撤离，取决于飞机的状况和机长的决定。
（6）整个释压过程及旅客和客舱情况要及时向机长通报。

第四节 危险品处置

一、危险品的定义

危险品又称危险物品，是指在航空运输中对健康安全或财产构成严重危害的物品和材料。危险物品一般包括蓄电池酸、丁烷气、焰火、弹药、除草剂、油漆、水银等类物品。

二、危险物品的分类

根据危险物品所具有的不同危险性，分为九类（图 6-31，见后文彩插）。

第1类　爆炸品

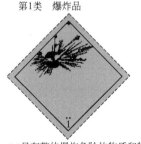

1.1具有整体爆炸危险的物质和物品

1.4项S配装组爆炸品

第2类　气体

2.1项易燃气体

2.2项非易燃无毒气体

2.3项毒性气体

图 6-31

第3类　易燃液体

第4类

4.1项易燃固体

4.2项自燃物质

4.3项遇水释放易燃气体的物质

第5类

5.1项氧化剂

5.2项有机过氧化物

第6类

6.1项毒性物质

6.2项感染性物质

第六章 客舱应急处置

第7类 放射性物质

Ⅰ级白放射性物质

Ⅱ级黄放射性物质

Ⅲ级黄放射性物质

临界安全指数标签

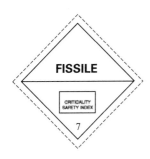

第8类 腐蚀性物质标签

第9类 杂项危险物质和物品包括环境危害物质

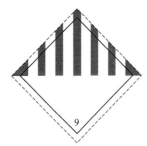

图6-31 危险品的分类

第1类——爆炸品

爆炸物品有5类,标志上有相应的英文字母,只有爆炸物1.4类客机运载货物的标志上的相应组为1.4s。

第2类——气体

这级危险物品包括易燃气体≥易燃气体的液化气、液态气、液态空气。

第3类——易燃液体

在压力下液化或在强冷冻下成永久性气体。这级危险物品包括液体、液体混合物、含有溶解固体或限定在闪点基础上悬浮的液体。例如:气温可以点燃油漆和油漆稀释剂产生的汽化液体。

第 4 类——易燃固体

这级包括 3 类。4.1 项是易燃固体；4.2 项是容易自燃的物质；4.3 项是水反应物质，这类物质与水接触后就会放出易燃气体或容易自燃的气体，这类物质也叫"过湿危险物"，例如，钾和钠。

第 5 类——氧化物和有机过氧化物

这级包括 2 类。5.1 项是氧化物，例如：过氧化氢。5.2 项是有机过氧化物。

第 6 类——毒性物质和传染性物质

这级包括 2 类。6.1 项是有毒物质，例如：农药。6.2 项是传染物质，例如：细菌。

第 7 类——放射性物质

这级不分类但放射性物质有三种。三种放射物质是按整个货物的放射等级决定的。

第 8 类——腐蚀性物质

这级物质能通过化学作用造成活组织坏死和飞机上运载的其他货物损坏。例如：酸。

第 9 类——杂项危险物品

在这级里的物质与其他 8 级里的任何物质都没有联系，但是在运输前没有充分准备，也会危害安全。例如：磁性物质和干冰（每位旅客在其随身携带的易腐败物品里放 2 千克以上干冰）。

三、危险品的运输准备

1. 一般要求

航空运输的危险品应根据技术细则的规定进行分类和包装，提交正确填制的危险品运输文件。

2. 危险物品包装等级

危险物品按照其危险程度被划分为三个包装等级：

（1）Ⅰ级：危险性较大。

（2）Ⅱ级：危险性中等。

（3）Ⅲ级：危险性较小。

3. 包装容器

（1）航空运输的危险品应当使用优质包装容器，该包装容器构造严密，能够防止在正常的运输条件下由于温度、湿度或压力的变化，或由于振动而引起渗漏。

（2）包装容器应当与内装物相适宜，直接与危险品接触的包装容器不能与该危险品发生化学反应或其他反应。

（3）包装容器应当符合技术细则中有关材料和构造规格的要求。

（4）包装容器应当按照技术细则的规定进行测试。

（5）对用于盛装液体的包装容器，应当承受技术细则中所列明的核动力而不渗漏。

（6）内包装应当进行固定或垫衬，控制其在外包装容器内的移动，以防止在正常航空运输条件下发生破损或渗漏。垫衬和吸附材料不得与内装物发生危险反应。

（7）包装容器应当在检查后证明未受腐蚀或其他损坏时，方可再次使用。当包装容器再次使用时，应当采取一切必要措施防止随后装入的物品受到污染。

（8）如由于先前内装物的性质，未经彻底清洗的空包装容器可能造成危害时，应当将其严密封闭，并按其构成危害的情况加以处理。

（9）包装件外部不得黏附构成危害数量的危险物质。

四、飞机上发现危险品的处理

（1）一旦发现客舱内有危险品，立即报告机长，由机长通知空中管制系统，选择就近机场着陆，在整个处理过程中应随时与驾驶舱保持联系。

（2）确认危险品的性质，可以通过询问旅客了解情况。

（3）如果溢出或泄漏

① 打开所有的通风孔，增加客舱内的空气循环，以确保舱内有毒气体的排出。

② 准备好海伦灭火瓶，随时准备扑灭因危险品的溢出和挥发可能造成的火灾。

③ 戴上橡胶手套和防烟面罩。

④ 将旅客从发生事故的区域撤离，并向旅客发放湿毛巾或湿布。

⑤ 将危险品放进聚乙烯（塑料）的袋子里。

⑥ 把受到影响的设备当作危险品处理。

⑦ 把地毯/地板上的溢出物盖住。

⑧ 经常地检查被隔离放置的物品和被污染的设备。

（4）用生化隔离包将危险品包好后，移至对飞机危害最小的部位——后舱右侧机舱门处。

（5）记录危险品的处理经过和发现时间以备地面人员查询。

（6）做好着陆后的应急撤离准备。

五、处理危险品应遵循的原则

（1）接触危险品时应戴好塑料袋的手套和防烟面罩。

（2）当渗漏的危险品发生反应时，可用塑料袋盖好，不要用布去擦，避免伤及皮肤。

（3）处理过程中，出现火情，可不要关闭通风孔，否则旅客会因缺氧和毒气窒息。

（4）处理完毕后要清洗双手。

六、机上爆炸物处置程序

在飞行过程中，乘务组发现机上有可疑爆炸物品时：

（1）应立即报告机长和空警（航空安全员）。报告内容尽可能包括：有关爆炸物的位置、外观、体积、类型及引爆机构等。

（2）客舱经理/乘务长按机长要求，对乘务员进行工作分工，配合机上安全员进行爆炸物搜查,如搜查后发现炸弹或可疑物,在机上空保人员同意的情况下,广播寻找 EOD 的帮助。

(3) 由空警或航空安全员负责对爆炸物进行监控,乘务员尽快疏散旅客,防止引起惊慌。

① 尽可能将旅客转移到离最小风险爆炸点至少 4 排座椅远的地方。

② 如其他座位已满,这些旅客应在保护区的地板上,面向机头方向就座,使用枕头、毛毯等物品护住头部,并采取安全防撞姿势就座;所有旅客应系好安全带,将头尽可能低于头靠。座椅椅背和小桌板必须完全收直。

③ 做好客舱服务的同时,密切监控旅客动态,如机上旅客已得知航班遇炸弹威胁信息,应注意稳定旅客情绪。

④ 乘务员应尽快提供用水湿过的毛毯、毛巾、衣物等物品,以备构建防爆平台时使用。

⑤ 如炸弹或可疑物可移动,配合机上空保人员将炸弹或可疑物转移到机上受爆炸威胁最小位置,并转移周围区域的旅客和物品。

客机最小风险爆炸位置(LRBL):是指机上发生爆炸时对飞机破坏最小的特定区域;根据权威部门提供的资料,航空公司各型飞机上最低风险爆炸位置如表 6-5 所示。

表 6-5 各型飞机上最低风险爆炸位置

机型	机上最小风险爆炸位置
A319/A320/B737	R2 门(Right aft cabin door)
A321/A330	R4 门(Right aft cabin door)
B757/B777—200/B787	R4 门(Right aft cabin door)
E190	离机舱尾部左侧倒数第二个窗口中央最近的地方
B777—300ER	R5 门(Right aft cabin door)
A380	主舱 R5 门(Center of the M5R cabin door)

⑥ 最低风险爆炸点的滑梯待命必须解除,如需要配合空警或航空安全员构建防爆平台。

a. 用硬行李靠舱壁建一个平台,位于舱门中线以下 25 厘米(10 英寸)。

b. 在平台上放置至少 25 厘米(10 英寸)的湿物,如毯子、枕头等。

c. 在湿物上放一块塑料布(如垃圾袋等),这样可以防止爆炸物出现短路。

d. 将爆炸物保持原状小心搬移至湿物上,尽可能靠近舱门结构。

e. 再在爆炸物上加盖一层塑料布。

f. 在爆炸物周围堆砌 25 厘米(10 英寸)厚的湿物,顶部堆砌物尽可能砌至天花板,同时将堆砌物就地固牢,禁止在爆炸物和舱门间摆放任何物品,尽量减少爆炸物周围空间,以便将爆炸力引向非保护区的舱门结构,避免使用任何含可燃性液体的物质和易成为危险飞射物的金属物品作为堆砌物。

注意:乘务员不可对爆炸物、即便是疑似爆炸物进行处置。

第五节 空中劫持

2012年6月29日，一架天津航空EMB190/B3171号飞机在由新疆和田飞往乌鲁木齐途中遭遇歹徒劫持，歹徒以伪装的拐杖为武器，试图砸开驾驶舱的门，进行劫机，随即不法分子被机组与机上乘客共同制服，飞机返航和田机场并安全着陆，6名歹徒被公安机关抓获。在事件处置过程中，机组临危不惧、果断处置，两名安全员、两名乘务员光荣负伤；飞行人员沉着冷静、妥善应对，驾驶飞机安全返航。多名乘客见义勇为，挺身而出，体现了公民的正义感和责任感。中国民航局研究决定，授予该机组"中国民航反劫机英雄机组"荣誉称号，对英勇搏斗并光荣负伤的机组成员给予记功表彰，对积极协助处置的乘客表示感谢和慰问，并给予奖励表彰。

现在安检技术越来越先进，带炸弹上飞机似乎是不可能实现的任务。但历史上，就有好几起在客机上安放炸弹的案件，置放地点从包裹到打印机，从鞋底到内裤，犯罪分子手法越来越隐蔽，挑战着安保标准与人道主义。

劫机，即以暴力、胁迫或其他方法劫持飞行中的飞机、危害乘客和飞机安全的犯罪行为。劫持者多扣押人质，向有关组织或政府提出要求，要求得不到满足就可能杀害人质或炸毁飞机，酿成惨剧。炸机是指使用爆炸品对民用航空器直接实施爆炸，造成航空器或航空器内人员损害的犯罪行为。炸机并不包括威胁炸机，因为威胁炸机属于劫机中比较常见的一种行为，只有在犯罪分子实施爆炸后，才能将事件定性为炸机事件。

一、劫机的处理原则

（1）安全第一　机组处置的第一原则是确保机上旅客、机组成员和飞机的安全。

（2）统一指挥　公司各有关部门必须服从公司处置劫机、炸机领导小组的统一指挥。

（3）适时果断处置　抓住时机，果断决策，灵活处置，力争在最短时间内解决，将危害与损失降至最低。

（4）力争地面处置　航空器空中发生劫机、炸机事件时，应力争使航空器降落地面进行处置。

（5）力争境内处置　境内发生的劫机、炸机事件，应尽量避免在境外处置。

（6）机长有最后处置权　在情况直接危及人机安全时，机长对航空器的操纵和机上人员的行动有最后决定权。

（7）机长必须依据"安全第一"的原则，依照国际民航组织《关于在航空器内犯罪和其他某些行为的公约》（《东京公约》）等规定的基本原则进行处置，行使机长的权力。

(8) 应采取一切措施，防止劫机者进入驾驶舱。

(9) 公司所有机组成员应熟悉公司劫机处理程序和原则，并定期参加相关的复训。

二、劫机处置方法

1. 地面处置

如有人在地面做出类似劫机威胁的表述时，收到信息的员工应按照预案的要求及时上报。

2. 空中处置

(1) 机组最先获得信息者，应迅速通过暗语、机载设备等方式，设法尽快通知机长和机上空警和航空安全员，并按空中预案进行操作。

(2) 如有人在机上做出类似劫机威胁的表述，但没有控制飞机的企图，收到表述信息的机组成员应立即向机长报告，机长则应通知运行控制中心报告情况，空警和航空安全员应及时控制事态，对其采取管束，并通知降落地机场当局，给予落地后的处置协助。

(3) 空警和航空安全员或机组、乘务组在得知遇劫信息后，要主动设法接近劫机者，与其交谈或谈判，稳住其情绪，尽可能在最短时间内摸清劫机者有无同伙、凶器、危险品，并辨别凶器、危险品的真伪，以及劫机目的等，将掌握情况立即报告机长。

(4) 机长应及时将发现和了解的情况报告地面，报告内容应包括但不限于

① 本次航班的航班号、机型、机号和航路的位置。

② 劫机者的人数、性别、国籍、民族、体貌特征、座位号码。

③ 劫机者劫机使用的手段、有无同伙、持何种作案工具。

④ 劫机者的要求、目的。

⑤ 机组采取的措施、有无人员伤亡、航空器损坏程度、燃油情况。

⑥ 机组的状态。

⑦ 驾驶舱是否安全。

3. 遇劫后的处置

(1) 要讲究斗争策略，防止矛盾激化，避免出现激怒劫机者的任何言行。

(2) 乘务组要稳定旅客情绪，并做好机上服务，配合空警和航空安全员实施处置。

(3) 全体机组成员要尽最大可能保护驾驶舱，可采取放置障碍物等方法不让劫机者接近或冲入驾驶舱。

(4) 机组应尽快将航空器下降到安全高度，进行释压。

(5) 在确认劫机者持有爆炸物、杀伤力强的武器或劫机者人数众多的情况下，机组不宜采取空中反劫机措施，应另外考虑方法与劫机者周旋（劫机者采取自杀性以及造成机毁人亡的情况除外）。

(6) 以油量不足或天气、资料等原因与劫机者周旋，或伴称满足劫机者要求飞往某地，以麻痹劫机者。

（7）加强客舱巡视，观察旅客动态，注意发现其他可疑情况。

（8）空警和航空安全员或机组其他人员要视情况，主动设法接近劫机者，与其交谈或谈判，稳定劫机者情绪，尽可能摸清劫机者所持凶器、危险品或辨别凶器、危险品的真伪，有无其他同伙，以及劫机的目的等，以便了解劫机者的目的和心理，根据掌握的情况制订反劫机措施。

（9）在无法及时与机长取得联系，而又确有把握制服劫机者的情况下，机组成员应配合空警和航空安全员果断采取措施，及时制服劫机者。

（10）在航空器完全被劫机者控制的情况下，机组应满足劫机者的所有要求。但是，如果劫机者的行为危害航空器和旅客的生命安全或企图用航空器作为自杀式攻击武器时，机组应不惜任何代价将其处置，避免机毁人亡的后果发生。

（11）机组按照地面的指令，飞行机组与空警和航空安全员密切配合，视当时的实际情况，在确有把握的前提下，在飞机着陆后滑行的过程中，以踩急刹车、飞机停稳的瞬间等，趁劫机者不备，易麻痹的有利时机，及时采取果断措施将劫机者制服。

4．空中遇劫机时机组之间的配合

（1）空警和航空安全员、乘务员应冷静、机智，乘务员、空保人员主要想办法稳住劫机者，防止其冲入驾驶舱，并做好对客舱旅客的监控，用前舱食品车等物阻挡劫机者进入驾驶舱的通道。

（2）当空警和航空安全员被劫机者控制或无法明确身份时，乘务员应想方设法用电话或其他方法迅速报告机长。

（3）乘务员应协助空警和航空安全员了解劫机者有无同伙，所带凶器等情况，以便有针对性地采取反劫机措施。

（4）在判明情况确凿，确有把握的情况下采取反劫机行动。行动之前，空警和航空安全员和乘务员应按照预案实施，确保反劫机行动成功。

（5）劫机者一般处于紧张亢奋状态，空警和航空安全员、乘务员应注意与其谈话的方式，防止事态激化。

5．对自杀性劫机事件的处置

（1）机组应尽最大努力将航空器降落到最近的机场。

（2）对劫机者进行说服，争取劫机者放弃行动。

（3）如在飞行过程中发现劫机者确有实施机毁人亡的行动时，应不惜一切代价，采取坚决措施，予以阻止。

思考题

1. 应急处置的基本原则？
2. 选择援助者的原则？

3. 陆地撤离的程序?
4. 异常情况的撤离?
5. 火灾的种类?
6. 一般的灭火程序及灭火要点?
7. 客舱释压的类型和反应?
8. 乘务员对客舱释压的直接处置?
9. 发求救信号时要注意的问题?
10. 危险品的定义及分类?
11. 处理危险品应遵循的原则?
12. 什么是劫机?
13. 对于劫机事件的处理原则?
14. 遇劫后的处置程序?

第七章

野外求生

案例

在1971年圣诞节前一天，有架秘鲁客机从乔根·查维斯国际机场起飞，起飞后半小时，当抵达2.1万英尺高空时，飞机进入一个有空中雷暴和严重气流骚乱的区域，同时很可能遭到了雷击。飞行员很难控制飞机，很快飞机呈向下俯冲状坠落在地面上。

机组人员曾试图离开飞机，但是机舱内起火，坠落失衡导致飞机右翼和主要左翼部分分离开来，最终客机坠毁在亚马逊河流域的多山地区。但是奇迹般的事情出现了，当时德国游客朱莉安·帕克在此次空难中幸免于难，她坠落在地面时竟仍系在机舱座位上。

图7-1 空难"唯一幸存者"——朱莉安·帕克

然而，由于亚马逊丛林环境复杂，救援飞机和搜救人员无法确定这架客机坠毁的具体地点，所以侥幸存活的朱莉安被孤独地困在了这座原始丛林中。所幸的是，朱莉安曾和父母在野生动植物研究中心生活过，父母教过她如何在热带雨林中求生的技巧。朱莉安回忆说："父亲说过，只要你找到一条小溪，沿着小溪行走，你就能找到一条小河，沿着小河行走，你就能到达一条更大的河流，在那儿你就可以找到人求救。"

按照父亲教导的方法，朱莉安在空难发生第二天果然找到了一条小溪，于是她开始沿着小溪向下游行走，道路相当坎坷，朱莉安的唯一食物是她在飞机失事地点找到的一些糖果。高度恐慌的她在飞机残骸中试图寻找一起同行的母亲，她在丛林中迷失达9天时间。在第9天，她发现了一个独木舟和庇护所，数小时之后，当地营救人员发现了她。营救人员在亚马逊河中坐独木舟7个小时后到达一个伐木站，在那里她通过空运被送到一家医院。

第一节
野外求生的基本原则

一、基本原则

当飞机迫降后，幸存者必须面对可能出现的诸如地形和气候之类的困难，从而保全生命，得以生存。为此而采取的一切行动被称为"求生"。生存的首要条件是具备求生的欲望、求生的知识和技能、强健的身体。乘务员必须有能力使自己和其他共同患难者拥有乐观的精神；乘务员还应懂得如何获得水、食品、火种、容身之地等生存的必需物品；如何呼救以吸引营救人员；如何在没有援助时获得安全的保护或脱离险境，乘务员还应掌握保存体能的方法，避免和应对疾病与受伤的方法，以便帮助那些比自己更不幸的人们。

二、指导方针

在空难发生后的求生过程中，必须牢记以下的指导方针。

1. 撤到安全地带

① 如果飞机有起火或爆炸的可能时，必须远离飞机（至少应保持100米）并待在风上侧处直至危险过去。

② 为了便于搜救，当危险过去后，移向飞机的着陆地点。

③ 不要惊慌失措地奔向未知地域，设法与其他幸存者保持联络。

④ 除非身处毫无遮蔽的空旷地或危险之中，否则没有必要另选安全地带。

⑤ 不要将山顶或山腰作为避难之所，地势低的地方更易建掩体设施。

⑥ 不要全体出动去寻找安全地带，应分组行动，不要单干，相互保持联络并做好路标，以便顺利返回。

⑦ 离开失事地点时应做好标记，以便营救人员寻找。

2. 携带有用物品

① 尽可能多地带上饮料、食品、毛毯以便更好地抵御进一步的灾难。

② 带上医疗救护用品，如药箱、急救箱，甚至氧气瓶。

③ 带上信号器具，如手电筒、扩音器、应急定位发射器，以便发布求救信号。

④ 带上旅客舱单，用于确定受伤、死亡、失踪者。

⑤ 带上《客舱乘务员手册》，从中获取有关求生的指导方针，至少纸张是一种很好的引火材料。

如果飞机已无进一步危险，可设法返回机舱获取更多有用物品。

3. 救护伤员

① 应将伤员一起转往安全地带。

② 区别伤势，展开救护，首先是呼吸困难者，然后依次是大出血、骨折和惊恐者。

③ 如有死者应与生还者分开。死亡会制造恐怖气氛，这样做有利于使幸存者安宁。

4. 采取保护措施——建掩体

① 尽可能利用天然场所和手边的材料来加固和扩充掩体。

② 身处空旷地带时，利用装备与飞机残骸如：挖坑，也可利用天然洼地，用浮土加固加高四周作掩体。

③ 用石块、残骸、树枝、毛毯、滑梯布等制成防风墙。

④ 掩体除可防风、防雨外还应能遮阳。
⑤ 如有伤势严重不便移动者，就地建简便掩体。
⑥ 生火取暖，并利用反光材料，增强热效应，大家聚在一起减少热量散发。

第二节 陆地求生

当陆地撤离发生在偏僻和荒凉地区救援人员不能马上赶到时，幸存者应做陆地求生的准备。

一、撤离后的组织

① 远离飞机，避免火侵害。
② 当发动机冷却，燃油蒸发，火已熄灭时，设法返回飞机。
③ 寻找乘客中的医务人员对受伤人员提供援助，实施急救。
④ 集合并清点幸存人数，将其分为几个小组，每组人数约 4~25 人。
⑤ 每组指定一名组长负责管理，总任务由机组人员（按机上指挥权的接替顺序）下达，具体任务由组长分配给每一个人。
⑥ 就地取材搭设临时避难所。
⑦ 准备好发出求救信号的设备。

二、建立避难所

1. 天然避难所

① 山区和岩石岸边的山洞。
② 凸出的大岩石下边。
③ 树、树枝及雪。

2. 飞机避难所

① 完整的机身。
② 机翼和尾翼。
③ 滑梯。
④ 机舱内的塑料板及绝缘板。

3. 修建避难所时要注意的问题

① 山洞作为避难所时，要注意里面可能会潮湿，同时可能会有其他生物存在。
② 冬季时，不宜依靠机身修建避难所，因金属散热过快。
③ 避免在低洼潮湿的溪谷处修建避难所，防止让洪水冲走。
④ 在倒下的死树及树下不宜修建避难所。

⑤ 不宜在茂密及人深的草木丛林中修建避难所。

三、饮水

在生存中,水比食物更为重要,水是人生存的必需品。

1. 水源

① 当你从飞机上撤离下来时,应尽可能地携带水和饮料。
② 附近的河流、湖泊、池塘、山泉等。
③ 沙丘之间凹处进行挖掘可能有水。
④ 干枯河床下面常常有水。
⑤ 雨水和露水。
⑥ 热带丛林的植物也富含水分。
⑦ 寒冷地带,冰雪融化后纯净的水。
⑧ 鸟群经常在水坑上飞翔。
⑨ 顺着动物的足迹和粪便等寻找水源,沙漠区也是如此。

2. 饮水时要注意的问题

① 不干净的水最少煮 10 分钟后方可饮用。
② 河流、湖泊、池塘、山泉等水源,需消毒后饮用。
③ 不要直接食用冰和雪解渴,因为冰和雪能降低体温和造成更严重的脱水。
④ 丛林中植物的乳汁状的汁液不能喝,可能有毒。
⑤ 不要饮用尿液,那样会觉得恶心,并且对身体有害。
⑥ 减少活动,避免体液损失。
⑦ 飞机上带下的水和应急水应放在最后使用。
⑧ 合理分配用水量。
⑨ 沙漠中的湖泊和水坑的水,如含有盐碱味,不要饮用。

四、食品

在野外求生中,食物与水相比并不是最重要的。一个幸存者不吃东西,光靠水和本身脂肪也能生存一段时间,当你需要吃食物时,可以从你周围的环境中获取。

1. 食物的来源

① 在不影响撤离速度的情况下,尽可能从飞机上带下可用食品。
② 从昆虫身上获取食物。
③ 猎捕野兽和鸟类作为补充食物。
④ 捕食鱼类。
⑤ 采摘野生藤本植物。
⑥ 捕捉爬行动物。
⑦ 飞机货舱内可食用的货物。

2. 进食时要注意的问题

(1) 应急食品应留在迫不得已时再食用。

(2) 昆虫除蝗虫外,都可生吃,但烧烤后味道更好,吃时要去掉胸腔、翅膀和腿。但不要食用蜈蚣、蝎子、蜘蛛、苍蝇、红蚁、虱子和蚊子。

(3) 食用鸟类及兽肉之前,应先放血,去皮取内脏,然后经烧烤后食用,在取内脏时不要碰破胆囊,并将多余的肉储存。淡水鱼要将其煮熟后食用。

(4) 野生藤本植物作为最后的求生食品时,一要熟悉其属性,二要在食用前分辨一下是否有毒。有毒植物被折断的枝叶上有乳汁样的汁液流出,触摸后有刺痒感及红肿,嚼在嘴中有烧灼感、辛辣苦涩或滑腻味,但不是所有有毒植物都有怪味,有时是香甜味。如咀嚼 8 小时后无特殊感觉,就可放心食用。

五、野外取火

火是野外求生的基本需要之一。它可以取暖、做饭、烘干衣服、防止野兽的袭击和作联络信号。

1. 生火的必备条件

生火的一般顺序是从火源到引火物,再到燃料。

(1) 火源

① 火柴。

② 打火机。

③ 火石和小件钢制品。

④ 信号弹——最佳火种,但是最后的手段。

⑤ 电瓶——但不要在飞机附近进行。

⑥ 放大镜。

(2) 引火物　作为引火物的材料应细些,保持干燥。

① 棉绒。

② 纸绒。

③ 脱脂棉。

④ 蘸过汽油的抹布。

⑤ 干枯的草和毛状植物。

⑥ 鸟的羽绒以及鸟巢。

(3) 燃料　凡是可以燃烧的东西都可以作为燃料,并可以混合在一起使用,在准备燃料时一定要尽可能地使之充足够用。

① 干燥的树枝、枯枝。

② 灌木。

③ 捆成束的干草。

④ 干燥的动物粪便及动物脂肪。

⑤ 地面裸露的煤块。
⑥ 飞机上的汽油和润滑油。

2. 火场的设置

火场最好设置在沙土地和坚硬的岩石上。如要在丛林中生火，要尽可能地选择在林中的空地上，同时要清除周围地面上的一切可燃物，如树枝、树叶、枯草等，还要在近处准备好水、沙子或干土，以防引起森林大火。如果是在雪地、湿地或冰面上生火，可先用木头或石块搭一个生火的平台。作为取暖用的火，可利用天然的沟坎，或先用圆木垒成墙，以利于将热量反射到隐蔽所中。

3. 成功取火的条件

① 保持足够的火花源并使其始终干燥。
② 要为第二天准备足够的引火物和燃料，并用干燥的东西将其盖好。
③ 点火时火种应在引火堆的风下侧。

六、陆地求生要点

① 充分休息，保存体力，每晚应睡 7～8 小时。
② 保持避难所的清洁，脏物应存放在离住处较远的地方。
③ 尽可能保持自身清洁，以使自身处于良好的精神状态。
④ 沙漠中生存应尽可能躲避太阳辐射，以减少体内水分蒸发，寻找水源和食物的工作最好在傍晚、清晨、夜间进行。
⑤ 丛林地带生存应避免蚊虫叮咬，在阴冷的天气里，尽可能保持身体干燥和温暖。
⑥ 在身体条件允许的情况下，适当锻炼身体，但不要超量。
⑦ 除了必须转移到安全干燥地区以外，幸存者应留在遇险地区等待救援。
⑧ 人员要集中，避免走散，随时清点人数。

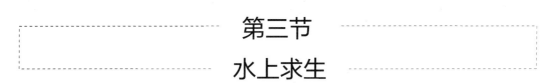

第三节 水上求生

一、海上求生的特点

海上缺乏参照物，难辨方向，不易发现目标，生存人员很难判断所处的位置。风大浪高，平均风力 3～4 级，大风时可达 10 级以上。缺乏淡水。水温低，表面平均水温不超过 20 摄氏度，有 13％的水表温度为 4 摄氏度以下。还有海洋生物对人的伤害。

二、水中保暖

水中保暖法分成两种形式，如图 7-2 所示。

1. 小组聚集保暖法

几人组成一个面向中心圆圈,手臂相搭,身体的侧面相接触,紧紧地围成一个团儿。

图 7-2 水中保暖法

2. 单人保暖休息法

① 双腿向腹部弯曲,两手交叉抱住双膝于胸前。此动作适用于穿救生衣的人。
② 在冷水中尽量减少活动,保存体力,减少热量的散发。
③ 减少冷水与人体的接触面,保持体温,以减少热量的损失。
④ 不要在水中脱弃衣服鞋袜。
⑤ 身着薄衣的成人在10摄氏度的水温中生存时间的估计表,见表7-1、表7-2所示。

表 7-1 成人在水中生存时间估计表

穿戴救生衣	采用姿势	生存时间
无	踩水	2 小时
有	游泳	2 小时
有	保护姿势	4 小时

表 7-2 人在不同水温中能生存的参考时间

水温	人浸在水中预期可生存时间	水温	人浸在水中预期可生存时间
低于 0℃	小于 1/4 小时	10℃~15℃	小于 6 小时
低于 2℃	小于 3/4 小时	15℃~20℃	小于 12 小时
2℃~4℃	小于 1.5 小时	超过 20℃	不定(视疲劳情况而定)
4℃~10℃	小于 3 小时		

三、饮水

在生存中,水比食物更为重要,水是人生存的必需品。海上求生时,淡水是至关重要的必需品。

1. 海水

海水是海上生存者最大的水源,然而海水不能直接饮用,即便加入部分淡水也不能饮用,否则就会出现脱水,对人体组织产生破坏,引起许多器官和系统的严重损伤。因此，在海上生存中禁止直接饮用海水。

2．淡水源

在船上生存时，如何确保淡水供应是一个大问题，解决这个问题的方法有很多种：

① 离机前，尽量收集机上饮料带到船上。

② 收集雨水，利用船上的设备储存雨水。

③ 收集金属表面的露水。

④ 北半球海域冰山是淡水的来源，靠近冰山要特别小心。因为，船在冰山翻转时非常危险。

⑤ 利用海水淡化剂淡化海水使其成为可饮用淡水。

3．饮水时要注意的问题

① 先使用已有的淡水，再进行海水淡化。

② 除非特别渴，否则在救生船上的第一个 24 小时内不要喝水（婴儿和重伤员可适当分配）。以后的时间，如果水量有限，每天喝 16 盎司水。当雨水充足或 16 盎司不能满足需要时，每天可以喝 24 盎司或更多。

③ 当淡水很少时，在下雨前只能用水湿润嘴和呷一点水。

④ 为减少渴的欲望，可在嘴中含一个纽扣或口香糖，增加唾液。

⑤ 不能抽烟，不能饮用酒类及咖啡因制品，避免体内水分的散发，酒可以留下用于外伤消毒止痛。尽量少动，多休息，减少体内水分的消耗。

四、食品

1．食物来源

① 在离开飞机前，应尽可能收集机上食品以备带上船使用。

② 飞机断裂后货舱内散落在外、漂浮水面上的可食用的货物。

③ 海里的鱼类及海面上的鸟类。

④ 救命包内的应急口粮。

2．进食时要注意的问题

① 水量多时，吃蛋白食物，水量少时，吃碳水化合物。

② 鱼类是海上生存最大的食物来源，但不熟悉的鱼类不要食用。

五、发现陆地

1．确定陆地海岛的位置

① 在晴朗的天空，远处有积云或其他云聚集在那里，积云下面可能有陆地或岛屿。

② 黎明鸟群飞出的方向，黄昏鸟群飞回的方向，可能是陆地或岛屿。

③ 通常情况下，白天风吹向陆地，晚上风吹向海岸。

④ 在热带海域，天空或云底的淡绿色，通常是由珊瑚礁或暗礁所反射形成的。

⑤ 漂浮的树木或植物意味着附近有陆地。

注意：

不要被海市蜃楼所迷惑，在船上改变坐的高度时，海市蜃楼不是消失便是改变形状。

2．登陆

登陆是海洋生存的最后环节，要想顺利成功地实施登陆，必须注意以下几点：

① 选择最佳登陆点，尽力向其靠近。

② 穿好救生衣并充好气。

③ 穿好所有的衣服鞋帽。

④ 靠岸时，尽量放长海锚绳，降低船向登岸点的接近速度，保证安全。

⑤ 救生船在海滩上着陆前，不能爬出救生船。

⑥ 救生船一旦登陆，迅速下船并立即设法将船拖上海滩。

3．获救

当救援船驶到救生船旁边时，不要认为你可以很容易地登上救援船。切记如果你已经在海上等了很久，你的身体已经很虚弱，一定要静坐船上等待救援人员来救，不要急于离开救生船。当直升机来救援时，一个吊篮只能容纳一个人。

第四节 特殊环境的求生

在一些特殊环境中求生时，根据具体环境要注意以下事项。

一、森林求生

由于丛林（图 7-3）里有丰富的食物和水源，因此丛林求生是最容易的，这里最大的危机是惊慌失措和昆虫及植物引起的疾病。

图 7-3　丛林

① 带上救生衣以在任何空地带显出对比色彩。
② 带上所有滑梯、救生艇。
③ 最好在空旷的地方将滑梯、救生艇展开，架好帐篷，作为住所。
④ 启动应急定位发射机。
⑤ 熟悉救生包内物品，取出发射信号设备，其余物品留在储存袋内，需用时再取出。（救生包内有内容详尽的各种救生指导小手册）
⑥ 当发现搜救的人员设备时（飞机、直升机、车、马、人等），白天使用烟雾信号和反光镜，夜间使用火炬或信号弹，使用烟雾信号和火炬时要在风下侧。

二、极地/冬季求生

① 处在任何低温、强风和冰雪覆盖的地区时都必须应用冬季求生原则。
② 携带救生衣作御寒之用。
③ 带上所有滑梯、救生艇。
④ 滑梯、救生艇应充气架设好作为掩体，尽快让乘客进入避寒。
⑤ 启动应急定位发射机。
⑥ 在可能条件下，收集飞机上的枕头和毛毯分配给乘客，让乘客松开紧身衣服，尽量靠近坐好以保存体温。
⑦ 熟悉救生包内物品，取出发射信号设备，其余物品留在储存袋内，需用时再取出（救生包内有内容详尽的各种救生指导小手册）。
⑧ 指挥乘客做温和的运动，例如坐着屈伸腿部，运动手指和脚趾等。
⑨ 避免饮用酒类饮料，以免体温散发。
⑩ 必须经常放进一些新鲜空气到掩体里面，由于内部的二氧化碳含量增高会造成危害。
⑪ 不要让乘客同时睡着，应安排乘客日夜轮流值班。
⑫ 发现搜救者时，白天使用烟雾信号和反光镜，夜间使用火炬和信号弹，放烟雾信号和火炬时要在风下侧。

三、沙漠求生（图 7-4）

① 携带救生衣以备夜间御寒用。
② 带上所有滑梯、救生艇。
③ 滑梯、救生艇应充气架设好作为掩体，尽快让乘客进入。
④ 启动应急定位发射机。
⑤ 熟悉救生包内物品，取出发射信号设备，其余物品留在储存袋内，需用时再取出（救生包内有内容详尽的各种救生指导小手册）。
⑥ 将现有的饮水保留给失血者、呕吐者、严重腹泻者等。
⑦ 减少日间的活动。
⑧ 发现搜救者时，白天使用烟雾信号和反光镜，夜间使用火炬和信号弹，使用烟

雾信号和火炬时要在风下侧。

图 7-4 沙漠

第五节
应急求救信号与联络

一、应急求救信号

获得援救的首要前提是使他人知道你的处境，告知别人你的位置，并努力取得联系。国际通用的求救信号，英文字母"SOS"（即 SAVE OUR SOULS）是最为人熟知的，信号可以直接在地上写出，也可通过无线电、灯光、声响等方式发出。

二、应急求救信号的可用资源

1. **飞机残骸**（图 7-5）

（1）坠机后可以找到很多有用的信号源，如燃油、轮胎及一些可燃或绝缘材料，燃

图 7-5 飞机残骸

烧它们形成大火或浓烟。

（2）还可利用飞机的玻璃、整流罩、救生衣、滑梯等有反光作用或色彩鲜艳的物品堆放在周围以引起别人的注意。

2．天然材料

干的树枝、树皮、树叶，都是很好的燃料，而湿的材料，燃烧时会形成浓烟。

3．应急定位发射器

机载的信号标记，在陆地和海上都可使用，是发布无线电求救信号的最佳选择。

4．手电筒

可用于发布灯光信号，如 SOS 的莫尔斯代码（三短、三长、三短）。

5．哨子

是发出声响信号的理想手段，在求援时除通行的 SOS 信号外，还可用一分钟发出 6 次哨音（也包括挥舞 6 次，或 6 次闪光）间歇一分钟，再重复的方式。

6．漂流瓶

在海上施放漂流瓶可能太富想象力，但是在小溪中施放一个刻有 SOS 求救字样的漂流瓶或木块等或许还是一种引人注目的方法。

三、应急求救信号方式

1．火光信号（图 7-6）

（1）燃放三堆大火，并摆成三角形是国际通行的方式，若材料不足，也可只点一堆火。为防火势蔓延，火堆附近应围小墙。

（2）若附近有河流，也可如图扎三个小木筏，将火种放在上面，并在两岸固定，沿水流作箭头状。

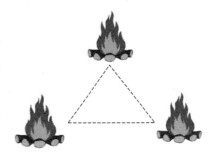

图 7-6　火光信号

2．浓烟信号（图 7-7）

（1）浓烟是很好的定位方式，浓烟升空后会与周围环境形成反差，易受人注目。

（2）在火堆上添加绿草、绿叶、苔藓、蕨类植物或任何其他湿的物品如坐垫等都可形成亮色浓烟，这种方式适用于丛林。

（3）在火堆上添加汽油与橡胶会形成黑色浓烟，这种方式适用于雪地或沙漠。

3．地对空目视信号（图 7-8）

信号至少需长 2.5 米（8 英尺），并需尽可能使之醒目。

注意：

（1）信号可由任何东西做成，如用布带条、保险伞材料、木片、石块之类，表面用机油涂刷或加以踩踏，以使醒目。

（2）可用其他方法，例如无线电、火光、烟或反光等，以引起对上述信号的注意。

图 7-7 浓烟信号

图 7-8 地对空目视信号

供幸存人员用的地对空目视信号，见表 7-3 所示。

表 7-3 地对空目视信号

V	表示求援者需要帮助	Y 或 N	分别代表"是"或"不是"
箭头	表示求援者行进的方向	SOS	表示请求援助我们
X	表示幸存者需要医疗救护		

4. 空对地信号

航空器使用下列信号，表示已明白地面信号，如图 7-9 所示。

（1）昼间　摇摆机翼。

（2）夜间　开关着陆灯两次，如无此设备，则开关航行灯两次。

如无上述信号，则表示不明白地面信号。

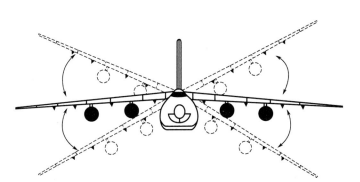

图 7-9　空对地信号

5. 莫尔斯代码

这是一种通用的国际代码（如图 7-10 所示）。每个字母间应有短暂停顿，每个词组间应有明显停顿。

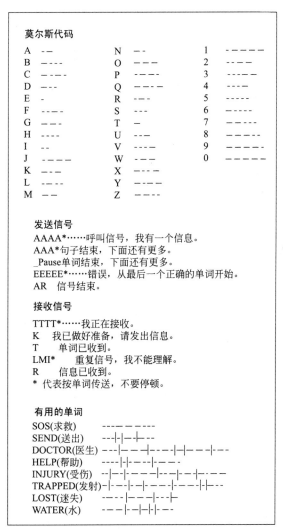

图 7-10　莫尔斯代码

6. 身体语言（图 7-11）

图 7-11　身体信号

7. 信息信号（图 7-12）

当离开失事地点或营地时，应留下一些信号物。制作一些大型的箭头形信号，表明自己的前进方向，且使这些信号在空中也能一目了然。再制作其他一些方向指示标，使地面搜寻人员可以理解。地面信号物使营救者能了解你的位置或者过去的位置，方向指示标有助于他们寻找你的行动路径。一路上要不断留下指示标，这样做不仅可以让救援人员追寻而至，在自己希望返回时，也不致迷路——如果迷失了方向，找不着想走的路线，它就可以成为一个向导。方向指示器包括：

a. 将岩石或碎石片摆成箭形。
b. 将棍棒支撑在树叉间,顶部指着行动的方向。
c. 在一卷草束的中上部系上一结,使其顶端弯曲指示行动方向。
d. 在地上放置一根分叉的树枝,用分叉点指向行动方向。
e. 用小石块垒成一个大石堆,在边上再放一小石块指向行动方向。
f. 用一个深刻于树干的箭头形凹槽表示行动方向。
g. 两根交叉的木棒或石头意味着此路不通。
h. 用三块岩石、木棒或灌木丛传达的信号含义明显,表示危险或紧急。

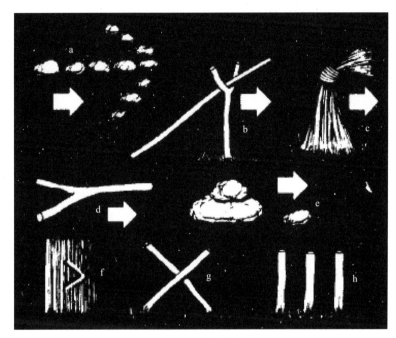

图 7-12　信息信号

四、发信号时要注意的问题

① 做好发信号的一切准备,并保证其有效性。

② 应保证铺设的信号在二十四小时内都有效,因为信号在昼间大部分时间内都有阴影,所以铺设方向应为东西方向;其线条宽度为 3 英尺,长度不短于 18 英尺,并定时检查;所有信号的发出和铺设应在开阔地带,可能的情况下多准备几种信号。

③ 用火作为信号时,应选择离其他树较远的孤立稠密的常青树,避免引起森林火灾。

④ 保护好信号材料不受冷、受潮。

⑤ 烟雾和反光镜是仅次于无线电的最佳联络手段。

⑥ 任何异常的标志和颜色之间的差异在空中都能发现。

思考题

1. 陆地求生的要点?
2. 陆地求生可使用的火源有哪些?
3. 陆地求生可使用的引火物有哪些?
4. 水中保暖的方法?
5. 水中求生时如何获得淡水?
6. 水中求生在饮水方面有哪些应注意的问题?
7. 水中求生食物如何获得?
8. 在沙漠中求生应当注意哪些事项?
9. 应急求救信号有哪些?
10. 发信号时要注意哪些问题?

参 考 文 献

[1] 于莉.空乘实务教程[M].北京:中国标准出版社,2014.
[2] 苗俊霞,周为民.民用航空安全与管理[M].北京:清华大学出版社,2018.
[3] 陈卓,兰琳,罗亚婧,等.客舱安全管理与应急处置[M].北京:清华大学出版社,2017.
[4] 韩瑛.民航客舱服务与管理.第2版[M].北京:化学工业出版社,2017.
[5] 王连英.民航客舱安全管理[M].北京:中国民航出版社,2015.
[6] 孙佳.民航安全管理与应急处置[M].北京:中国民航出版社,2012.

图 1-8　黑匣子

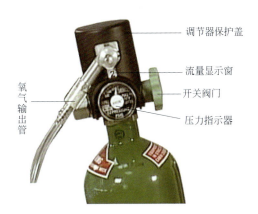

图 5-2　单出口氧气瓶

调节器保护盖
流量显示窗
开关阀门
压力指示器
氧气输出管

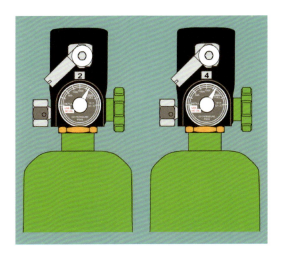

图 5-3　单出口氧气瓶流量显示

图 5-4　手提式海伦灭火器

图 5-5　手提式水灭火器

图 5-7　自动灭火装置

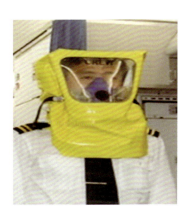

图 5-9　防烟面罩

图 5-10　应急定位发报机

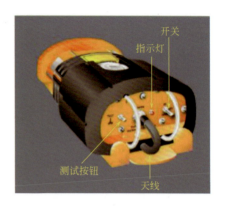

图 5-12　ADT406S 型发报机

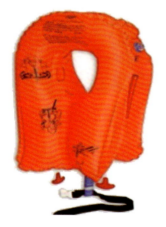

图 5-14　机组的救生衣

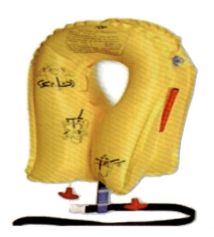

图 5-15　旅客的救生衣

图 5-16　救生衣使用方法

 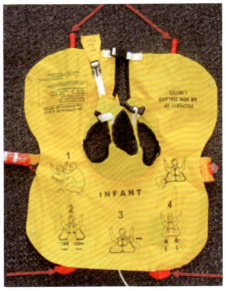

图 5-17　婴儿救生衣

图 5-18　防火衣　　　　　　　　　图 5-25　麦克风

图 5-29　急救药箱　　　　　　　　图 5-30　救生船

图 5-33　海锚

图 5-36　信号筒

第1类 爆炸品(1.1，--1.6项)

1.1 具有整体爆炸危险的物质和物品　　1.4项S配装组爆炸品

第4类

4.1项易燃固体　　4.2项自燃物质　　4.3项遇水释放易燃气体的物质

第2类　气体

2.1项易燃气体　　2.2项非易燃无毒气体　　2.3项毒性气体

第5类

5.1项氧化剂　　5.2项有机过氧化物

第3类　易燃液体

3 易燃液体

第6类

6.1项毒性物质　　6.2项感染性物质

第7类　放射性物质

Ⅰ级白放射性物质　　Ⅱ级黄放射性物质　　Ⅲ级黄放射性物质

临界安全指数标签　　第8类　腐蚀性物质标签　　第9类　杂项危险物质和物品包括环境危害物质

图 6-31　危险品的分类